How to create the strongest communicative power

3128の科学データから
編み出した18のメソッド

最強のコミュ力のつくりかた

鈴木祐 YU SUZUKI
サイエンスジャーナリスト

Be Charismatic!

あなたの言葉が伝わらないのは、
あなたに人としての〝魅力〟が欠けているからである。

3千年にわたって「話し方」に悩む人類

あなたの言葉が伝わらないのは、
あなたに人としての〝魅力〟が欠けているからである――。

これが、本書の大きな結論です。「もっとうまく話したい」「言いたいことを表現できない」「自分の気持ちを伝えられない」といった、コミュニケーションにおける定番の悩みは、すべてあなたの〝魅力〟のなさに帰着します。

もちろん、読者の皆さんを怒らせたいわけではありませんし、あなたに人としての魅力がないと言いたいわけでもありません。

強調したいのは、〝魅力〟という要素を基礎に置かない限り、どんなテクニックを使っても、私たちのコミュニケーションは改善されないという事実です。

- 伝えたい内容をよどみなく語る話術。
- メッセージをわかりやすく伝える表現力。
- 当意即妙に笑いを起こすユーモア力。
- 自信に満ちたボディランゲージ。

これらのスキルが無駄だとは言わないものの、人間的な魅力を備えた人物のコミュニケーションには敵いません。いかに巧みな話術を使おうが、論理的に主張を伝えようが、人としての魅力がなければ、どんな言葉も相手には響かないからです。

この点を考えるために、いったん歴史を遡りましょう。そもそも私たちがコミュニケーションの問題に悩むようになったのは、いまに始まったことではありません。

紀元前13世紀の古代エジプトのパピルスには、こんな記述があります（1）。

「私と夫はコミュニケーションができないようだ。いつも言い争いばかりで、会話が成り立たない。もうどうしたらよいのかわからない」

あるいは、古代ギリシャの医師ヒポクラテスは、紀元前4世紀に、コミュニケーションの問題を抱えた患者の事例を残しています（2）。

「（この人物は）人前で恥をかいたり、話し方や身振りを間違えたりするのを恐れ、どんな相手とも会話をする勇気が湧かない。社交をするときの彼は、周囲の人はみな自分の振る舞いに注目していると、いつも感じていた」

どちらの記録も、悩みのパターンは現代人とよく似ています。前者はいつの世にもある家庭不和への嘆きですし、後者は現代ならコミュニケーション障害と呼ばれるでしょう。似たような事例はいくつもあり、紀元前4世紀の政治家デモステネスは演説の下手さを民衆から嘲笑され、古代ローマの英雄カエサルも「引っ込み思案で世間話が苦手で、社交の場ではよく言葉に詰まった」と報告されています（3、4）。コミュニケーションの問題は、およそ3千年にわたって人類を悩ませてきました。

その需要に応えて、〝正しい話し方〟を指南するアドバイスも、紀元前から山のように存在します。代表例を紹介しましょう。

- **「聞き上手になり、自分の発言に心を配りなさい」プラトン『プロタゴラス』**
- **「話は明瞭かつ簡潔に。聞き手が理解できないような専門用語や難しい言葉を使わないこと」アリストテレス『弁論術』**

◎「会話は正直で誠実であれ。ゴシップや中傷は避けなさい。たとえ意見が違っても、相手に敬意を持ちなさい」キケロ『義務について』

◎「相手が話そうとした話題を先に話してはいけない。言うべきときに、必要なことを口ごもってはいけない。相手の顔色を見ずに好きに発言してはいけない」孔子『論語』

論理性を大切にしたアリストテレス。傾聴と質問を重んじたプラトン。相手への共感と対話のルールを尊んだ孔子。それぞれ力点は違えど、紀元前550～350年ごろに偉人が提案したアドバイスは、現代でも、自己啓発やビジネス書などでよく見かけるものばかりです。

つまり人類は、有史から同じ問題に取り組み、同じアドバイスを参考にし続けてきたのです。

嫌な人間の言葉など誰も聞きたくない

ところが、事態には改善が見られません。

6千人を対象にした内閣府の調査によれば、いまの日本では、他人と楽しく話せない人、職場やバイト先で本音を語り合えない人の数は、全体の約7割に達します（5）。この傾向は2000年代から増え続けており、少なからぬ日本人がコミュニケーションに苦しんでいるのはあきらかです。

他の先進国でも同じ現象が見られ、アメリカの調査では、国民の8人に1人が人生のある時点で社交不安症の基準を満たしたと言います。スタンフォード大学の心理学者フィリップ・ジンバルドーの調査でも、会話が苦手な人間の数は世界中で増加の傾向にあり、現代では若年成人の50％以上が〝慢性的な人見知り〟に該当。その数は、1970年代から10％も上昇しました（6）。

コミュニケーションの悩みが解決に向かわない理由については、さまざまな仮説が提唱されています。

現代は人との繋がりが希薄なので、話し方を学ぶ機会がないからだ。メールやSNSが発達したせいで、対面のやり取りが減ったのが原因だ。資本主義による競争の激化で、みんな腹を割った会話ができなくなっている――。

どの説にも頷ける部分があり、いまのところ唯一の正解を指摘するのは不可能です。もとよりコミュニケーションは複雑な営みであり、それだけに原因の解明も一筋縄にはいきません。

が、そんな状況下、私たちのコミュニケーションに影響をおよぼす最大の理由が、心理学や組織行動学の発展により、少しずつあきらかになってきました。それこそが、「人としての魅力」です。

このテーマには長い研究の歴史があり、なかでも有名なのは、456人の陪審員を対象にしたニューサウスウェールズ大学の実験でしょう（7）。研究チームは、殺人事件の模擬裁判を開き、実験の参加者に2つの指示を出しました。

1　**事件の調査官に対して、どれだけの魅力を感じたかを採点する**

2　**どの調査官が提示した証拠に説得力を感じたかを採点する**

ここで採点された〝魅力〟は、参加者の主観的な印象にもとづいており、「好感度が高い」「感じが良い」との声が多かった調査官ほど高得点が割り振られました。参加者がぱっと見で良い印象を抱いた人物を、「魅力が高い」と定義したわけです。

その結果は研究チームの予想どおりで、魅力のある調査官が提出した証拠ほど「説得力が高い」と判断されました。データによれば、個人の魅力は、「メッセージの説得力」における分散の約80％を占めており、いかに好感度の重要性が高いかがわかります。やはりクラレンス・ダロウも言うとおり、「弁護士の主な仕事とは、陪審員に依頼人への好意を抱かせること」なのでしょう。

似た報告は多く、クレアモント大学の総説では、社会心理学やマーケティングのデータから数百におよぶ研究を調べ、次の結論を出しています（8）。

「かつては、メッセージを広く伝えるためには、『専門知識』および『信頼性』の2つを備える必要があるとされた。しかし、近年における複数の研究により、メッセージの影響力に関連するより大きな要素が特定されている。それは、〝好感度〟だ」

メッセージに説得力を持たせたいなら、知識の多さや話し手の権威性よりも、まずは相手から好意を引き出さねばならないというわけです。この結論の正しさは過去に何度も確認されており、いまや社会心理学におけるコンセンサスと言えます。

当たり前の話でしょう。嫌な人間のメッセージなど誰も聞きたくないはずですし、もしそれが正しい指摘だったとしても、ついつい右から左へ受け流してしまうものです。相手のことを嫌うとまではいかずとも、興味を持てない人物の言葉には、やはり本腰を入れて耳を傾けたくはなりません。

逆に言えば、自分が魅力的だと思う人物と話すときは、こちらから歩み寄ろうとするのが普通です。どれだけ言葉がつたなかろうが、話の筋がわかりづらかろうが、どうにか相手のメッセージを理解しようとして身を乗り出すでしょう。魅力的な人の言葉ほど説得力があるのは、聞き手の態度が変わるのも大きな原因のひとつです。

恐ろしいことに、このような反応はすべて無意識のうちに作動し、相手の魅力によって自分の態度が変わったことに気づける人はほぼいません。トロント大学などが行った研究によると、多くの人は、初めて知り合った人物の好感度や信頼度を最短5秒で評価し、そこで行った判断をもとに、相手とどのようなコミュニケーションを取るかを決めます（9）。

言い換えれば、人としての魅力が基礎にないと、私たちは会話のスタートラインにすら立てないのです。

人としての魅力はどう高めればいいのか？

人としての魅力がなければ、あなたの言葉は伝わらない。

そう言われても困る人が大半でしょう。〝魅力〟というあいまいな概念を持ち出されても、自分の会話にどう当てはめればよいのかはわかりませんし、具体的に何をすべきかも見えません。魅力を高めるためには、どうすればいいのでしょうか？

いかにも難問のようですが、実はこの点については、一部の研究者が1970年ごろから調査を進め、「人としての魅力をどう高めるか？」という問題について、一定の答えを出せるようになってきました。心理学や組織行動学の世界では、こういったリサーチ分野を「カリスマ研究」と呼びます。

〝カリスマ〟と呼ばれるような人たちに、誰もがひとりやふたりは心当たりがあるでしょう。初対面の相手ともすぐに打ち解け、多くの人から信頼を集め、口から出た言葉が大きな説得力を持つ。そんな特徴を兼ね備えた人物のことです。幸いにも、この50年でカリスマの理解は飛躍的に進み、一般人でも高い魅力を身につけ、コミュニケーションの能力を高められることがわかってきました。

たいていの研究では、カリスマを次のように定義します。

コミュニケーションを通じて、他人に影響をおよぼす能力が高い人

自分のメッセージを相手に伝えるのがうまく、なおかつ他人の行動まで変えてしまうほどの影響力を持つ人物を、カリスマとみなすわけです。

しかし、腑に落ちない人もいるかもしれません。カリスマという言葉には、悪いイメージも含まれるからです。

不安を煽って信者を扇動するカルト宗教の指導者。

強権の濫用で侵略戦争をもいとわぬ独裁者。

大金を稼いで耳目を集めるも、ネットでの争いが絶えない経営者。

数万のファンを魅了しながら、私生活では問題ばかりのインフルエンサー。

「悪のカリスマ」なる表現もあるように、ネガティブな特性を持つ人物が、ヒーローのように扱われるケースは珍しくありません。カリスマという言葉を、善悪を超越した魅力ととらえる人も少なくないでしょう。

しかし、科学の世界では、ここに挙げたどの例も、真に魅力のある人物だとは考えていません。詳しくは第3章で見ていきますが、「過激な表現」「攻撃的な姿勢」「非倫理的な態度」が多い人たちのカリスマ性には限界があり、その魅力はほどなく賞味期限が切れることがわかってきたからです。

そのため、近年に行われた研究の多くは、カリスマの定義に次の要素も加えています。

- **誰にでも親切で、あらゆる人を良い気分にさせられる。**
- **ネガティブな感情を使って、人を操作しようとはしない。**

この定義に照らせば、先に挙げたカルトの教祖、独裁者、迷惑系のセレブなどは、カリスマとみなされません。

科学の世界におけるカリスマとは、初対面の相手ともすぐに打ち解け、多くの人をくつろいだ気分にさせ、他者にポジティブな影響力を与えるような人物を指します。まさにコミュニケーションの達人です。

ゆえに多くの研究では、カリスマの例として、ネルソン・マンデラ、キング牧師、ガンジーなどの名前がよく挙がります。どの人物も、大衆にメッセージを伝えるのがうまいだけでなく、フォロワー同士の協力を促し、コミュニティ全体の幸福を願った人物ばかりです。集団を率いる強いリーダーシップだけでなく、社会の幸福を願う人格の高さもまた、カリスマの重要な要件です。

それだけの魅力があれば、人生の質が高くなることは容易に想像がつくでしょう。誰からも好かれ、自分のメッセージを思うままに伝えられれば、たいていのことはうまく進むはずです。

実際、カリスマの有効性は、過去に何度も確認されています。

たとえば、216人の消防士を対象にした研究では、すべての被験者に「カリスマ性がある上司はいますか?」と尋ねたうえで、仕事の成績データとの比較を実施。すると、カリスマ性が高い消防士は、そうでない者よりも幸福度が50%高く、部下の満足度も高い傾向が見られました。

273人の男女を集めた研究でも結果は変わらず、周囲からカリスマと呼ばれる人物は、たとえルックスや経済力に恵まれなくとも、幸福な人生を送っていたとのこと。データによれば、カリスマ性の有無は、生活の満足度、ポジティブな感情の多さなど、あらゆる幸福の指標と正の相関がありました（10）。

カリスマが良い人生を送れる理由を、研究チームはこう推測します。

●言葉に説得力があるため、リーダーの地位につく可能性が高く、人生を好きなようにコントロールできる。

●他人から好かれるので複数の人間からサポートを受けられる。

カリスマは他人に影響を与えるのがうまく、それによって人間関係を豊かなものに変え、おかげで人生の幸福度が高まるようです。人生の質を改善する効果においては、まさに最強の能力かもしれません。

手軽なコミュニケーションのメソッドなど存在しない

何度も見てきたとおり、あなたの話が伝わるかどうかは、人としての魅力に大きく左右されます。

魅力という土台なしにコミュニケーションの技術だけを学ぶのは、ぬかるみに豪邸を建てるようなもの。人目をひくのは最初だけで、長く住むうちに母屋は沈んでいきます。いかに軽妙な話術を身につけようが、気の利いたフレーズを学ぼうが、傾聴のスキルを駆使しようが、人としての魅力が低いままでは、コミュニケーションの改善は望めませんし、それゆえに「この〝伝え方〟さえ学べばＯＫ」といった手軽なメソッドも存在しません。

そこで本書では、カリスマに関するデータを参照しつつ、あなたの魅力を高めるトレーニングを紹介していきます。

「カリスマなど目指したくない。普段の人間関係が少し改善すればいい」

そう思う人もいそうですが、そこはご安心を。人としての魅力を高めるために必要な能力は、いずれも難しいものではなく、誰もが日常で使える平凡なスキルの積み重ねでしかありません。特定のスキルをひとつ身につけるだけでも、あなたのコミュ力は上がり、ちょっとした雑談、ビジネスの交渉、対人トラブルなどを処理する能力も確実にアップします。

人としての魅力を高め、コミュニケーションの根本を改善するには、いかなる方法を取るべきか？　本書では数多くのエビデンスをもとに、考えていきます。

最強のコミュ力のつくりかた　# 目次

第1章

第3章

序章

嘘が多く、
感情が幼く、
性格が悪い

人間のことを善人だとか、悪人だとか、

そんな風に区別するのは馬鹿げたことですよ。

人というのは、魅力があるか、さもなければ退屈か、

そのいずれかですからね。

オスカー・ワイルド（19 世紀アイルランドの詩人）

コミュニケーションについて誰もが抱く3つの勘違い

コミュニケーションがうまい人とは、人としての魅力にあふれた人である。

これが「はじめに」の結論でした。魅力さえあれば、あなたの話には自ずと説得力が備わり、メッセージの伝わり方が大きく変わります。

では、魅力ある人物に近づくために、私たちは何をすべきなのでしょう？　多くの人から信頼と好感を集め、口から出た言葉が大きな影響力を持つ。そんな人物は、どんな能力を持っているのでしょうか？

疑問の答えを出す前に、〝魅力〟の理解を深めるべく、簡単なクイズをしてみましょう。この後に並ぶ要素のなかで、コミュニケーションの能力を高める際の重要度が低いものは、いくつあるでしょうか？

- 伝えたい内容を、よどみなく語る話術。
- 話したいことをわかりやすく伝えられる論理性。
- 誰からもほめられるような優れたルックス。
- 情熱的で自信に満ちたボディランゲージ。

正解を言いましょう。コミュニケーションへの重要度が低いのは、右に並ぶ項目の「すべて」です。

もちろん、これらの能力が無意味だという話ではなく、いずれもあなたのコミュニケーションを確実に楽にはしてくれます。しかし、人としての根本的な魅力を高めたいなら、ルックスの善し悪し、性格の明るさ、話術の巧みさなどよりも、もっと考えるべきことが他にあるのです。

このポイントを理解すべく、多くの人がコミュニケーションについて抱きやすい3つの勘違いを見てみましょう。

勘違い1　「伝え方」にこだわる。
勘違い2　「ボディランゲージ」にこだわる。
勘違い3　「見た目の良さ」にこだわる。

1つめに押さえておきたいのが、相手に伝えたいメッセージの内容や表現方法は、コミュニケーションにおいては重要度が低いという点です。

誰かに自分の意思を伝えたいとき、私たちはつい「論理的なメッセージ」「巧みな言い回し」「流暢な話し方」などにこだわりたくなります。「伝えたいメッセージは4行にまとめよ」「主張はモレなくダブりなく」「言いたいことは結論から提案せよ」のように、論理やレトリックの重要性を説くアドバイスもよく耳にするところです。

誤解なきよう言い添えておくと、「伝え方」は間違いなく重要です。ある研究によれば、論理的に構成されたプレゼンほどコンペティションの勝率が高く、レトリックを用いたスピーチほど聴衆の理解度が高まったのだとか（1）。コミュニケーションにおいて、論理やレトリックが大事なのは疑いようがないでしょう。

しかし、あなたのメッセージを本当に伝えたいのであれば、やはり好感度の土台は欠かせません。せっかく話術と表現力に優れていても、好感度がないと、そのメリットを存分に活かすことができないのです。

事例を挙げましょう。リーダーシップの研究で有名なジョセフ・フォークマンらは、約5万人のビジネスパーソンに協力を仰ぎ、「好感度が高い」と評価されたマネージャーをピックアップ（2）。全員の好感度レベルと業績を比べてみると、意外な結果が認められました。

- **部下から「感じが悪い」「近づきにくい」と評価されたマネージャーのなかで、実際に仕事のパフォーマンスが高い人物はわずか27人だった。**
- **「論理的な指示ができている」「スピーチがうまい」などの能力は、好感度ほど仕事の評価とは相関しなかった。**

好感度が低いマネージャーが仕事で評価される割合は、全体のたったの0・05％に過ぎませんでした。どれだけ話し方がうまくとも、まずは人としての魅力を伝えない限りは評価されづらい事実を示す良い例でしょう。

さらにグランドバレー州立大学の組織行動学者ジェリー・マウントは、感情知性に関する300以上の先行研究を調査したうえで、ビジネスで最高のパフォーマンスを発揮するためには〝好感度〟が不可欠だと指摘。好感度さえ調べれば、その人が仕事で、仕事で活躍できるかどうかを高い確率で判断できると報告しました。その予測の精度は、「合理的な思考」「伝え方のうまさ」などを調べた場合よりも300％以上も高いというから驚きです(3)。

とはいえ、これもまた当たり前の議論でしょう。誰もがタバコは身体に悪いことを知りながら禁煙できないのは、「論理性」や「わかりやすさ」を備えたメッセージだけでは十分でない証拠です。

それにもかかわらず、私たちのほとんどは、コミュニケーションに悩んだ際に、「まずは話し方を変えよう」と考えてしまいます。ある実験では、「会話スキル」を学ぶ研修と、「共感力」を学ぶ研修のどちらかを選ばせたところ、ほとんどの参加者は「自分は会話の技術を学びたいが、他人には共感力の研修を受けさせたい」と答えました

（4）。共感力のように抽象的な能力を鍛えるよりも、すぐに役立ちそうなスキルを身につけたいと思うのは自然な心理でしょう。

しかし、何度も見たように、「しゃべりのうまさ」や「論理的な伝え方」などは意思を伝達するツールのひとつでしかなく、それよりも大事な要素は他にあります。中国のことわざにもあるとおり。「間違った人間が正しい道具を使えば、正しい道具も間違った方向に働く」もの。もしあなたが高度な会話スキルを習得したとしても、〝魅力〟がなければ宝の持ち腐れなのです。

ボディランゲージは原因ではなく結果の産物

2つめの勘違いは、「非言語コミュニケーションにこだわってはいけない」というポイントです。話すときの表情、姿勢、声色などのボディランゲージを意識すればするほど、あなたの会話は、失敗に終わる可能性が高くなります。

こちらも付言しておくと、ボディランゲージが、コミュニケーションの成否に影響するのは事実です。誰でも仏頂面よりも笑顔の人物を好むものですし、あいづちも打たない相手と会話したいとは思わないでしょう。この点を検証したデータも豊富に存在し、その重要性を否定したいわけではありません(5)。

ただし、ここであえて注意をうながしたいのは、〝意図的〟なボディランゲージは、副作用のほうが大きいという点です。

- **聞き手にできるだけ笑顔を見せるように努める。**
- **アイコンタクトの回数を増やすよう心がける。**
- **おおげさに手を叩くなどの陽気なジェスチャーを演じる。**

このような意図的なボディランゲージは、逆に相手からの印象を悪くすることがよくあります。原因は大きく2つあり、まず大事なのは、意図的なボディランゲージは、相手の心に疑念を生みやすいところです。

一例として、ミラーリングについて考えてみましょう。これは相手の動作や表情を模倣するテクニックのことで、話すスピードやリズムを合わせたり、相手と同じ姿勢を取ったりといったやり方がよく使われます。いくつもの自己啓発書で推奨されてきた定番の技法なので、ご存じの方も多いでしょう。

はじめてミラーリングを提唱したのはニューヨーク大学で、1999年に研究チームが学生たちの会話を観察し、仲の良い者ほど表情や動作が似る傾向を確認したのが発端です（6）。この結果はメディアで大きな話題を呼び、「相手の動きをまねれば会話がうまくいく」との考え方が広まりました。

ところが、最近の調査では、ミラーリングへの異論も増え始めています。その代表はフローニンゲン大学による実験で、研究チームは、会話の話し手が意図的にミラーリングを行った際に、聞き手にどのような印象が生まれるのかを確かめました（7）。

そこでわかったのは、多くの人は、意図的なミラーリングの違和感に敏感だという事実でした。ほとんどの被験者は、話し手がミラーリングをしていることには気づかなかったものの、どことなく「うすら寒い感覚」を覚え、最後には相手に対して嫌な印象を抱いたのです。

ボディランゲージに詳しい心理学者のクリス・フリスは、こう指摘します（8）。

「ミラーリングには、コミュニケーションへの真の関与が欠かせず、他人の行動を意図的に模倣しても逆効果になる可能性が高い。他の人はそれを察知し、操ろうとしていると見なす可能性が高いからだ」

簡単に言えば、本来のミラーリングは、相手とのコミュニケーションが盛り上がった後で自然に発生する現象を意味します。会話がスムーズに進んで相手との親密さが生まれ、自分でも気づかぬうちに行動がシンクロした状態が、本当のミラーリングなのです。

この事実をふまえずに相手の行動をまねれば、コミュニケーションの自然な流れが断ち切られるのは当然。これが相手のなかに「うすら寒い感覚」を引き起こし、嫌な印象につながってしまったわけです。つまり、ミラーリングは良い会話の指標にはなっても、良い会話を育む手法としては使いづらい手法だと考えられます。

似たような現象として、〝アイコンタクト〟の事例も見てみましょう。ブリティッシュ・コロンビア大学などの実験では、学生の被験者に2分間の講演動画を渡し、話し手の目を見ながらスピーチを聞くように命じました。そのうえで、被験者が話し手にどのような印象を抱いたのかを調べ、次のような結果を確認しています（9）。

- **話し手と目が合う回数が増えるほど、聞き手はスピーチの内容に説得されなくなった。**
- **聞き手が話し手に良い印象を持っている場合は、目が合う回数が増えるほどに、スピーチの内容に説得力を感じた。**

アイコンタクトが機能したのは、話を聞く側が相手に好感を抱いたときだけでした。それ以外の場面では、視線が合うことにより、話の説得力は逆に落ちてしまったわけです。

なにやら不思議な現象のようですが、こちらも原因はミラーリングと変わりません。本当のアイコンタクトとは、良いコミュニケーションのなかで相手に好感を抱いた結果として自然に発生する生理現象だからです。

この事実を無視して、好きでもない相手と無理して視線を合わせたところで、お互いに嫌な気分が増すだけなのは容易に想像がつくでしょう。この不快感が聞き手の無意識に影響し、あなたの言葉の説得力を下げてしまうわけです。

これらのデータに照らせば、ボディランゲージとは、その大半が原因でなく結果の産物だと言えます。ミラーリングにせよアイコンタクトにせよ、どちらも相手とのつながりによって生じる生理的な現象であり、意図的に再現を試みても逆効果になるだけです。

ならば、ボディランゲージを学ぶよりも、まずは〝魅力〟を高める作業にリソースを注ぐほうが賢明なはず。魅力をベースにした会話ができれば、ミラーリングもアイコンタクトも自然に発生します。

ルックスの魅力は長く保たない

最後に3つめの勘違いが「ルックスの重視」です。コミュニケーションをうまく取るためには、顔の作りやファッションなどの外見的な要素にこだわり、自分の魅力を高めねばならない。そんな思い込みのことです。

そう言われて、すぐ納得する人は少ないかもしれません。見た目がよい人物が周囲から好かれやすいのは間違いなく、そのおかげで話を聞いてもらえる確率も上がるでしょう。それならば、見た目の改善にリソースを投じるのは当然のように思えます。

ルックスの効能を示したデータも多く、ある研究では、美男美女の教師に習った学生は、そうでない教師についた学生よりも、「授業の内容に説得力があった」と答える確率が高く、実際にテストの成績も良い傾向がありました（10）。その他の研究でも、私たちの多くは、外見の良い人物が発したメッセージほど信じやすい現象が報告されており、コミュニケーションにルックスの良さが役立つのは疑いようがありません（11）。

しかし、実はルックスが持つ影響力は、世の中で思われるよりも長くは続きません。たいていの場合、皆が認めるような容姿を持った人物ほど時間とともに人気が下がり、一方で普通のルックスを持つ人の魅力度は上がっていくのが一般的なのです。

一例として、テキサス大学などの実験では、129人の学生にインタビューを行い、同級生に感じる魅力のレベルが1年をかけてどう変化するのかを調査しました。結果は以下のとおりです。

- **学期の始まりには、ほとんどの学生が、ルックスやファッションの優れた同級生を魅力的だと評価した。**
- **3か月後には見た目の影響は薄れ、ルックスが悪い学生も「魅力がある」と評価されるようになった。**

ルックスが絶大な影響を持ったのは最初だけで、時間をかけてお互いを知るにつれて、魅力的な人物の対象が変わったわけです。

約350人の男女を対象にした別の調査でも結論は同じで、「ルックスが良い人に魅力を感じる」と答えた者は全体の2～3%に過ぎませんでした(12)。多くの人は、思いやり、道徳性、公平な性格などを「魅力の要素」として挙げており、ルックスを重要視するほうが少数派でした。この研究を手がけた心理学者のポール・イーストウィックは、こう指摘します(13)。

「よく言われるように、時間をかけて相手を知るだけで、その人はより魅力的になる。そこで影響を持つのは見た目ではなく、各人の『ユニークな個性』こそが、長期にわたって魅力を定義する」

ルックスが私たちの魅力を高めるのは、せいぜいが初対面から1か月まで。それ以降は「個性」の影響が強くなり始め、長い目で見ればほぼ無関係なレベルに落ち着きます。

もうひとつ、中国で行われた実験も見ておきましょう(14)。研究チームは、120

人の男女に60枚の顔写真を見せ、それぞれのルックスの良さを評価させました。すべての写真には「この女性は親切です」「この男性は意地悪です」などの文章が添付され、各人物の性格が一目でわかるようにデザインされています。

その後、すべてのデータを分析してみると、たいていの被験者は、性格の良い人物を「見た目が良い」と感じ、性格が悪い人物を「見た目が悪い」とみなす傾向が認められました。その人物に抱いた好感度によって、ルックスの印象が変わったわけです。

同じ現象は複数のテストで認められており、54年におよぶ長期の調査でも、ボランティア活動に多くの時間を割く人は、ルックスでも高い評価を得やすかったと言います(15)。

その理由は簡単で、もともと心理学の世界では、好感度の高い人が持つものは、すべてがよく見えてしまう現象が知られてきました。印象の良い人物が勧める商品を無条件で信じてしまったり、好感を抱いた相手の嘘を見抜くことができなかったりといった経験をしたことがある人は多いでしょう。好感度が高いからといって必ずしも信頼できるとは限りませんが、ついひいき目に見てしまうのが人間です。

同じ心理はルックスにも当てはまり、好感度が高い人を見ると、私たちの脳は「そんなに素敵な人なら、見た目も良いに違いない」と自動的に判断します（16）。すべての処理は無意識下で行われ、自分が好感度とルックスを結びつけたことに気づける人は、ほぼいません。

話をまとめると、誰もがうらやむ美男美女だろうが、ある程度の時間が過ぎればその威光は薄れ、別の要素が個人の魅力を左右し始めます。加えて、ルックスの評価には好感度の影響が大きいため、長期的には性格の重要度が高くなります。

そう考えれば、長期的な人間の魅力において、ルックスの果たす役割は少ないと考えるべきでしょう。英語のことわざにもあるとおり、まさに「美は見る者の目に宿る」のです。

私たちは数秒で相手の魅力をジャッジする

よくある誤解を押さえたところで、話を本筋に戻します。「巧みな話術」「ボディランゲージ」「ルックスの良さ」といった要素が大した影響力を持たないなら、人としての魅力の本質は、どこにあるのでしょうか？

この難問に答えるために、いったん遠回りをして、やや毛色が違う問題について考えてみます。それは、「なぜ人類は無駄話が好きなのか？」という疑問です。

ご存じのとおり、私たちが日常で交わす会話の大半は、重要な情報の交換とは無縁のコミュニケーションで占められています。バブソン大学が1191人を対象に行った調査によれば、仕事のあいだに交わされるやり取りの45〜70％は、知人の噂、天気の話、セレブのゴシップなどの他愛ない雑談で占められていました（17）。日本で行われた研究でも結果は同じで、私たちが交わす会話の47・3％は雑談だったと言います（18）。

この数字は原始的なコミュニティでも変わらず、いまも未開の土地で暮らす狩猟採集民たちも、1日の会話の大半を雑談で過ごすケースがほとんどです）(19)。人類学の調査によれば、雪中のイグルーで隣村の噂話で盛り上がる北極圏のイヌイットや、キャンプファイヤーを囲みながら他部族のゴシップを交換しあうタンザニアのハッザ族など、やはり会話の7割は無益な情報のやり取りに費やされており、専門家の多くは、「すべての人間は〝無駄話をしたがる本能〟を持つのではないか？」と推測しています。

しかし、よく考えると不思議ではないでしょうか？　進化の観点からすれば、食料や安全の確保といった、すぐに役立つ情報をやり取りしたほうが、生存の確率は上がるはずだからです。

人類がコミュニケーションを始めた時期には諸説ありますが、化石や遺伝データなどから、おそらく7万〜20万年前には、言語による意思の疎通が行われていたものと考えられます。それ以前の人類は、「カチッ」や「ヒュー」などの擬音しか出すことができませんでした。

鳥のさえずり、猫の鳴き声、馬のいななきなど、ヒト以外の動物は平均10種類の音声でコミュニケーションを行いますが、この点において、人類が獲得した能力はレベルが違います。私たちが日常で使う単語の数は成人で2万を超えますし、込み入った文法を用いて複雑な思考まで表現できる動物は他にいません。

ここまで高度な技術を人類が進化させた理由については、くわしく説明するまでもないでしょう。もし言語を使えなかったら科学の発展は止まり、法による紛争の調停はおぼつかず、誰かに助けを求めることもできません。人類が今の文明を築けたのは、言葉の力で重要な情報を伝えることができたからこそです。それなのに、実際の私たちは、貴重なコミュニケーションを無益な情報のやり取りに使ってしまうのだから、時間の浪費としか思えません。

実に不思議な現象ですが、その答えを一言で表すなら、「雑談を使って相手の能力を査定するため」となります。一見役に立たない雑談のなかで、私たちは、相手がどのような人物なのかを値踏みしあっているのです。

私たちが雑談のなかで判断するのは、たとえば次のようなポイントです。

この人は私の仲間にふさわしいか？

この人は困ったときに私を助けてくれるか？
この人には日常の問題を解決する力があるか？

その証拠に、近年の研究では、私たちは初対面の相手と雑談をスタートさせてから、ほんの100ミリ秒で相手を評価し始めることがわかってきました（20）。査定の対象は多岐にわたり、相手の身体的な魅力、性格、知性、経済力まで、あらゆる要素が評価の俎上にのぼります。

そのなかでも、私たちが重点的にチェックするポイントは以下のようなものです。

●会話の相手は社交的か？　共感力があるか？

ジュネーブ大学の実験では、被験者に対し、男女が雑談をする動画を30秒だけ見たうえで2人の性格を推測するように言い渡しました。結果、約9割の被験者は、男女のパーソナリティを驚くほどの正確さで見抜き、なかでも「社交性」や「共感力」といった能力の判定がうまい傾向が認められました（21）。

●会話の相手は頭が良いか悪いか？

たいていの人は、会話がスタートしてから数秒で、相手の知性を判断します。その精度は上々で、ロヨラ・メリーマウント大学の実験によれば、被験者から「この人は頭が良い」と評価された人物は、実際にＩＱが高い傾向がありました（22）。ちなみに、私たちが相手のどこを見て知性を判断しているのかは、まだ判然としません。

●会話の相手は健康か不健康か？

私たちには、他者の健康状態を見抜く能力も備わっています。カロリンスカ大学の実験では、被験者の一部を少量の細菌に感染させたあと、それぞれの顔写真と体臭のサンプルを取得。これらを別の被験者に提示したところ、ほとんどの人は、顔写真と体臭の情報だけで細菌に感染した人物を言い当て、「不健康そうで魅力がない」と判定しました（23）。当然ながら、細菌に感染した人たちは、辛そうな表情を浮かべていたわけでも、顔色に異変があったわけでもありません。

●会話の相手は信頼できる人物か？

ここ数年の研究により、私たちは他人と出会ってから2秒で、目の前の相手が信頼に足る人物なのかを判断することもわかってきました。代表的なのはスタンフォード大学の調査で、研究チームは、同大学の新入生たちに教師の講義動画を2〜10秒だけ見せ、どのような印象を持ったかを調査。すると、新入生たちの回答は、教師のことをよく知る上級生の評価とそっくりで、特に「信頼性」「共感性」に大きな一致が見られました。その相関係数は0・76で、ほんの数秒の判断としては、驚くべき正確さだと言えます（24）。

代表的なところを見てきましたが、これらはあくまで一例にすぎません。相手の裕福さ、リーダーシップ、恋愛スキル、几帳面さなど、数えきれない量の要素を、人間は数分で査定し、その評価もかなり正確だとわかっています。

すべての査定が終わるまでの時間は平均5分で、ここで出た結論をベースにしつつ、私たちは相手との会話を続けるかどうかを判断します。この査定が、コミュニケーションの第一関門になるわけです。

人類ほど平気で仲間を騙す生物はいない

人類がここまで正確に他者を査定できるようになったのは、私たちが脆弱な生き物だからです。

言わずもがな、ヒトの身体は他の動物より弱く、硬い牙や爪を備えるわけでなく、体を守る甲羅もありません。そんな弱い肉体を持ったまま、有史より前の人類は、脅威に満ちたサバンナで暮らさねばなりませんでした。

いつ猛獣に襲われるかもわからず、つねに食糧不足の不安につきまとわれ、正体がわからない疫病の発生を警戒する。そんな過酷な環境を生き抜くには、仲間たちと相互扶助のコミュニティを作り、生存のリスクを減らすのがベストだったでしょう。

そこで人類は、〝協力〟というスキルを、重点的に進化させました。狩りができない仲間に食糧を分けたり、忙しい母親の代わりに子育てをしてもらったりと、お互いの足りないリソースを提供し合い、どうにか生存率を高めようと試みたのです。

互いに助け合う動物は人類の他にも存在し、たとえばチンパンジーやイルカが、エサのない仲間と食事を分け合うことがあるのは有名でしょう。しかし、それはどこまでも血のつながった親族に限定された行動であり、遺伝的に無関係な個体とまで協力関係を結ぶ生物は私たちだけです。身体の脆弱さに悩み続けた人類にとって、〝協力〟の進化は、まさにゲームチェンジャーでした。

ところが、この進化は、同時に人類にとって悩みの種にもなりました。お互いに助け合うシステムの誕生により、〝裏切り〟という新たな脅威が生まれたからです。

仲間が狩ってきた獲物を盗む。他の人が見つけた狩り場を先に荒らす。隣人が作った住居を勝手に利用する。敵対する部族と裏で取引を行う。

協力関係さえ破ってしまえば、裏切り者は簡単にメリットを得られます。同僚のアイデアを盗む社員や、嘘の経歴で良い仕事をもらうフリーランスなど、現代でも似たような例はいくらでもあるでしょう。助け合いのコミュニティが生まれれば、必ずその仕組みを悪用する者も生まれます。

実際、人類ほど他人を騙すのが好きな生物も珍しく、マサチューセッツ大学の調査によると、10分間の会話中に60％の人間が2～3個の嘘をつき、1日のあいだに上司や同僚を騙す回数は平均で6回にもおよびます（25）。これに対して、他の動物はほぼ真実しか表現せず、猫がのどを鳴らせばそれは満足感の表明であり、尻尾を激しく振ったらそれは確実に不機嫌のサインです。人類ほど平気で仲間を騙す生物は他にいません。

当然ながら、人類は大昔からこの問題に立ち向かってきました。「目には目を、歯には歯を」の文言で刑罰の基本を作ったハンムラビ法典や、日本ではじめて罪人への死を規定した養老律令のほか、明確な法律がない狩猟採集の社会にも「裏切り者は追放か殺害」と定めた掟が存在します。

それと同時に、アリストテレスの最高善、中国の儒家が唱えた仁、日本の修身教育における理性などの〝倫理〟も、裏切り者への牽制をうながすシステムとして使われました。

いずれも「人として守るべきルール」や「社会における善悪の基準」を設定し、仲間との協力関係を保つための仕組みです。

しかし、法と倫理だけではまだ足りません。どちらも裏切りの抑止力として機能はするものの、「誰を仲間にすれば得なのか?」「関わってはいけない人間は誰か?」といった疑問の答えは教えてくれないからです。

周囲から聖人とあがめられる人物が、裏では悪党だったというケースはよく見かけます。長らく善人と呼ばれた人物が、金に困って悪事を働くような事態も珍しくはないでしょう。裏切り者を見抜くのに、法と倫理は無力です。

その結果、原始時代の人類は、普段のコミュニケーションを通して、他人の信頼性や好感度を自動で査定するシステムを進化させました。私たちが無意味な雑談に時間を費やすのは、お互いの信頼性を値踏みしあうためだったのです。

込み入ってきたので、いったん話をまとめます。人類の祖先は、生物としての弱さを克服すべく、進化の過程で〝協力〟という手法を発明。そのおかげで生存率のアップに成功しましたが、同時に裏切りの問題が起きたため、今度は他者の信頼性を見抜く能力を身につけ、仲間と協力しあうシステムの維持を試みました。

すでにお気づきの方もいるかもしれません。これこそが、〝魅力〟の正体です。

メカニズムを説明します。初対面の相手とコミュニケーションを始めると、私たちの脳はすぐに査定システムを起動させ、「この人物と協力しあうべきか？」の判断をスタート。その査定が「ＮＯ」だったときは、脳は「なんとなく不快だ」とのシグナルを発し、相手からあなたを引き離そうとします。

逆に「ＹＥＳ」の判定が出た場合は、脳は「好感が持てる」との感覚をあなたに向けて送り、相手との関係を前に進めるようにうながします。要するに私たちは、「この人は裏切らない」「私を助けてくれそうだ」と本能が判断した相手を、「魅力がある人物」として感知しているのです。

嘘が多く、感情が幼く、性格が悪い

簡単におさらいしましょう。人類は「自己の生存率を高めたい」という基本的な欲求を持ち、これを満たすために、私たちはコミュニケーションを通して他者を査定する仕組みを進化させました。

査定の結果を〝魅力〟の有無としてとらえ、「この人は私の生存に役立つ」と判断した相手には好感を抱き、「この人は私の生存を危うくする」と判断した相手には嫌悪を抱く、そんな本能のシステムです。

となれば、後の話は簡単でしょう。人類が無意識のうちに他者の能力をジャッジしているのなら、その査定システムが使う評価のポイントさえわかれば、誰もが自分の魅力を高めることができ、ひいては日々のコミュニケーションも改善するはずだからです。

もちろん、査定システムが使う評価のポイントは無数に存在し、社交性、健康、知性、経済力など、あらゆる要素をもとに、私たちは相手の魅力を判断します。そのすべてを網羅するのは現実的ではないため、ここでは最も影響力が大きいポイントに狙いを定めましょう。

現在までの研究を総合すると、人類の査定システムは、3つの要素をもとに他者を評価します。

1　**嘘が多い**
2　**感情が幼い**
3　**性格が悪い**

以上の3つは、どの文化圏における調査でも確認された要素で、ほぼすべての人類が持つ評価のポイントだと考えられます。いわばヒューマン・ユニバーサルな評価軸であり、これらの要素を満たすかどうかで、あなたが他人に与える印象の大半が決まってしまうのです。

事実、ローレンス大学などが行った調査では、過去に行われた214の研究を精査したうえで、これら3つの要素により、個人が持つ魅力の90％を説明できると推定したほどです(26)。コミュニケーションに秀でたければ、他の細かいポイントにこだわるよりも、まずはこの三大要素を押さえるべきでしょう。

それぞれの詳しい解説は後の章にゆずり、ここでは三大要素の説明を簡単にしておきます。

1　**嘘が多い**＝コミュニケーションの手段に一貫性がなく、周囲から「嘘が多い」とみなされてしまう状態です。相手に合わせて態度を変える人に多い問題で、「気持ちがよくわからない」「何かを隠している」などと見られやすい傾向があります。

2　**感情が幼い**＝感情のコントロールに難があり、心の余裕、精神の安定、メンタルの強靱さなどが足りない状態を指します。友人からは「いつも緊張している」「空気を読まない」「テンションがおかしい」などと思われやすいタイプです。

3 **性格が悪い**＝優しさ、親切さ、共感力などの印象が少ない状態です。当然、まわりからは「嫌なやつ」と思われやすく、本当は情け深い性格だったとしても、周囲からは「冷たい人間」「いつも偉そう」と言われます。

どの要素もあなたの〝魅力〟を決める重要なポイントであり、それゆえにどれかひとつに該当するだけでも対人トラブルの種になります。「言いたいことが伝わらない」「頭が真っ白になって言葉が見つからない」「なぜかすぐ口論になる」といったコミュニケーションの問題は、三大要素のいずれかがあるせいで起きたものと考えられるのです。

以上をふまえ、次の章からは、それぞれの要素を詳しく解説しつつ、実践的なワークを紹介します。「嘘が多い」「性格が悪い」「感情が幼い」という弱点のなかから、あなたに欠けたものを重点的にカバーし、コミュニケーションの精度を高めていきましょう。その道のりは楽ではないものの、「はじめに」でも触れたとおり、人としての〝魅力〟は努力で伸ばせる後天的なスキルです。すべてのワークをこなせば、あなたのコミュニケーション能力は確実に上がります。それでは、始めましょう。

魅力度テスト

本編に進む前に、あなたの魅力度をテストしておきましょう。以下の18問を読みながら、5点満点で採点してください。あまり深く考えずに、直感で採点するのがポイントです。

1＝**まったく当てはまらない**
2＝**当てはまらない**
3＝**どちらとも言えない**
4＝**当てはまる**
5＝**完全に当てはまる**

ちなみに、人によっては、仕事とプライベートで、点数が異なるケースがあるかもしれません。たとえば、仕事では良き上司として知られるのに、オンライン上ではトラブルばかり起こすような人は、どちらを基準に採点すれば良いか困ってしまうでしょう。

その場合は、「仕事とプライベートのうち、私はどちらでコミュニケーションの問題を起こしやすいだろうか?」と考えて、より苦手なほうをイメージしつつ採点してください。

❶‐人の前だろうが、なんの抵抗もなく自由に感じたままを言うことができる。
❷‐他人の話に疑問を感じたら、その気持ちをはっきり伝えられる。
❸‐自分にとって嫌なことを理解しているため、不快なことを引き受けて後悔することはない。
❹‐誰かに欠点を指摘されたり、親しい人と意見が異なったりしても、なかったことにはしない。
❺‐自分の深いところにある考えや感情を、よく理解できている。
❻‐本当は楽しくないのに、楽しいふりをしたりはしない。
❼‐色々と心配なことが頭に浮かんでも、会話から注意がそれることはない。
❽‐嘲笑や軽口を受けても、不快さを調整できる。
❾‐たくさんの人がいる部屋に入っても、他人の視線を感じて自意識過剰にはなら

ない。

❿―その場に合わないことを言うことはほとんどない。
⓫―まわりから下に見られていると思うことはない。
⓬―会話の最中に頭が真っ白になることはほぼない。
⓭―不快な相手でも、皮肉を言ったり、馬鹿にすることはない。
⓮―自分の欲求を満たすために、他の人を操ろうとまではしない。
⓯―自分もあやまちがあれば簡単に認める。
⓰―他の人から「緊張せずに話せる」と言われる。
⓱―どちらかというと温厚で、人の気持ちを気にするほうだ。
⓲―他の人からの注目や特別な好意は期待しない。

計算方法

採点が終わったら、次の項目ごとに点数を足し合わせましょう。

- **嘘が多い＝項目1〜6の合計点**
- **感情が幼い＝項目7〜12の合計点**
- **性格が悪い＝項目13〜18の合計点**

最後に、合計点を見ながら、いまのあなたに足りない能力を判断します。大まかな目安としては、各項目の合計が15より下であれば、その能力は低めと考えてください。

- **嘘が多い**＝この項目の合計が低い人は、自分の素を出すのが苦手で、そのせいでコミュニケーションがうまくいっていない可能性があります。該当する場合は、第1章のワークを中心に進めてください。

●**感情が幼い**＝この項目の合計が低い人は、感情をコントロールするのが苦手で、そのせいでコミュニケーションがうまくいっていない可能性があります。該当する場合は、第2章のワークを中心に進めてください。

●**性格が悪い**＝この項目の合計が低い人は、他者への優しさが少なく、そのせいでコミュニケーションがうまくいっていない可能性があります。該当する場合は、第3章のワークを中心に進めてください。

ちなみに、すべての合計が15点以上になった場合は、各項目とのバランスを見て、どの章のワークに取り組むかを判断してください。たとえば、「嘘が多い」と「感情が幼い」の2つが25点で、「性格が悪い」だけ20点だった場合は、第3章のワークから取り組むと、効果が出やすくなります。

第1章

嘘が多い

「嘘つきの名人でないならば、

真実を語るのがつねに最良の策だ」

オスカー・ワイルド（19 世紀アイルランドの詩人）

〝嘘〟が会話のパフォーマンスを下げる

あなたのコミュニケーションがうまくいかない原因。その1つめは、「嘘が多い」です。

嘘ばかりつく人間が嫌われるのは、あらためて強調するまでもないでしょう。自分の利益のために他人を騙すような人物は、前章で説明した、魅力の査定システムを強く刺激します。

ただし、ここで言う〝嘘〟とは、意図的に誰かを裏切る行為だけを意味しません。たとえば、あなたは次のような行動に心当たりはないでしょうか？

- **実際には良く思っていないのに、相手の服装や容姿をほめる。**
- **本当は断りたいのに、同僚が頼んできた仕事を引き受ける。**

- **相手の反応ばかりが気になって、話したい話題を切り出せない。**
- **何をしたいかがわからないので、「なんでもいい」とばかり答える。**
- **本当は無関心なのに、友人の悩みに共感したふりをする。**

仲間に良い印象を与えようと本心を偽ったり、権力者におもねってお世辞を口にしたり、そもそも自分の感情や欲望を正しく認識できなかったりと、自分の価値観、欲求、感情に反した行動もまた〝嘘〟とみなされます。いわゆる、仮面を被ったコミュニケーションのことです。

このような状態は、心理学の世界で「真正性が低い」と呼ばれ、おおよそ次のように定義されます。

「個人的または社会的な結果を気にし、内面で感じたように外面で振る舞えないこと」

真正性が低い人は、コミュニケーションで本心を明かさないため、周囲からは「八方美人」「何を考えているのかわからない」「いつもすかしている」「表面的に見える」などの指摘をよく受けます。それと同時に、いつも他人を意識して言葉を選ぶせいで、自分の欲求をうまく満たすことができず、一人になったとたんに虚無感や孤独感に襲われる人も少なくありません。

逆に真正性が高い人は、コミュニケーションの最中に「素のままでいられる」「無理をしていない」と感じることが多く、次のような特徴を持っています。

●**行動を予測しやすい**：自分に嘘をつかない人ほど姿勢がぶれず、その場の雰囲気に流されて意見を変えません。そのおかげで周囲からは「行動に一貫性がある」と判断されやすく、関わった相手に安心感を与えます。

●**感情と思考に透明性がある**：真正性が高い人は自分の感情や欲望を素直に表現するのが得意なため、コミュニケーションにおける無駄なトラブルが減ります。「やる気もないのに同僚を手伝って頼まれた作業をこなす」「無理なスケジュールを引き受けたせいで最後は相手に迷惑をかける」といった、いらぬ問題を防げるわけです。

●**長期的な視野で動く**：いつも自分に正直な人は、明確な信念を持つことが多く、長期的な視野を持つ傾向があります。そのせいで目の前の欲望に流されにくく、たとえば、転職のために経歴を誇張したり、一時の評価を稼ぐために同僚を騙したりなど、目先の欲に目がくらんだ行動を選びません。

行動の原理がわかりやすく、他人には一貫した態度を取り、短期的な欲にも流されないのだから、このような人物が相手を裏切る可能性は限りなく低いはず。まさに「仲間にしたい」と思わせるような人物像です。

真正性の重要性を調べたデータを見てみましょう。2020年、ハーバード・ビジネス・スクールが、166人の企業家を集めて実験を行いました（1）。研究チームは、すべての被験者に対し、各自が考えたビジネスプランを投資家にプレゼンするように指示。その際に、被験者を2つに分けました。

1 **投資家の期待や好みに合わせてプレゼンを行う**

2 **自分を偽らずに好きなようにプレゼンする**

最初のグループには、投資家が好きそうなプレゼンの内容を想像させ、それに合わせてプランをアピールするように求めました。もう一方のグループには、投資家の好みなど気にせずに、自分のアイデアを好きにアピールさせています。

普通に考えれば、投資家の好みに合わせたほうが評価は高くなると思うでしょう。「相手の期待に沿って行動せよ」といったアドバイスは、プレゼン以外の場面でもよく耳にするところです。

しかし、実際は異なりました。自分を偽らずにプレゼンを行ったグループは、投資家に迎合したグループよりも「説得力がある」「好感が持てる」などの評価を受けやすく、コンペに勝ち抜く確率が300%も高かったのです。

小規模な実験なので注意は必要ですが、他にも似た研究は多く、自分を偽らない人ほど他者からの評価が高まり、社会的な地位も上がり、恋愛のパートナーにも恵まれると報告されています（2）。なかには、素の自分を出せる人は、寿命まで長くなることを示したデータまであり、真正性の重要性は疑いようがありません（3）。

この結果について、研究チームは言います。

「人は良い印象を与えようとするときに、相手の興味や期待に応える戦略をとる。しかし、実際に効果的なのはその逆であり、好印象を与えたい相手との会話で『真正性』を保つほうが、自身の不安は低下し、パフォーマンスが上がる」

自分に嘘をつく人は、心の奥で負荷を感じ続けており、それが原因でコミュニケーションが下手になってしまうという指摘です。

ちなみに自分への嘘がメンタルに悪いのは有名で、過去には、それで身体を壊す事例も報告されています。

たとえば、キャビンアテンダントの健康状態を調べた1981年の研究では、楽しくもないのに無理やり笑顔を浮かべる回数が多い従業員は、体調を壊しやすい傾向があったとのこと（4）。テキサス大学による実験でも、友人の前で違う性格を演じる回数が多い学生は、病気にかかる確率が20％も高い傾向がありました（5）。自分への嘘は心に大きな負担をかけ、それが免疫系にまでダメージを与えるのです。

自分に嘘をついても心を病まないのは、基本的に社会病質者しかいません。身に覚えのある人は、ぜひ注意してください。

素の自分を出せない人が嫌われる理由と、それにまつわる3つの問題

素の自分を出すほうが魅力が上がる理由について、多くの専門家は、**「脳のリソース減少」「流暢性の低下」「感情の伝染」**という3つの問題を指摘します。

先に見た、起業家の実験で説明しましょう。投資家の好みに合わせた起業家たちは、プレゼンの際に、どうしても聞き手の反応を最優先にして行動せざるを得ませんでした。言い換えれば、聞き手の反応が変わるたびに、対応を変える必要に迫られたわけです。

そのせいで、プレゼンのあいだも、起業家の頭の中には「いまは投資家が笑ったから大丈夫」「反応が悪いから別のスライドを見せようか」といった思考が頻発、脳のリソースが無駄に消費され、自分のアイデアを的確に伝える能力が下がります。複数のアプリを同時に起動すると、スマートフォンの反応が遅くなるようなものです。

一方で、素のままでプレゼンを行った場合は、いちいち投資家の反応をうかがう必要

がありません。ただ自分のアイデアを伝えることに専念すればよいため、脳のリソースを食われず、ベストなパフォーマンスを発揮できるのです。

そして、2つめに深刻なのが、本来の自分を隠すことで「流暢性」が下がってしまう問題です。

流暢性は心理学の用語で、雑念にとらわれずに行動できるかどうかを意味します（6）。皆さんは、スポーツや勉強をしているときに、「完全に集中できている」という感覚を覚えたことはないでしょうか。まったく気をそらさず作業に没頭し、スムーズにものごとが進むような状態です。この時、あなたは流暢性が高い状態に入っており、高いパフォーマンスを発揮できています。

このような状態は、あなたが心からリラックスし、目の前の作業に没入できているときにしか発生しません。作業のあいだもさまざまな雑念が浮かび、注意があちこちに飛んでいたら、目の前のタスクに十分な注意を注ぐことができないからです。

相手に合わせて会話をしてみたものの、そのせいで逆に普段どおりの話し方ができなかったような経験は誰にでもあるでしょう。このようなトラブルは、相手への迎合によって会話のパフォーマンスが下がったせいで起きます（7）。

素の自分が重要な理由の3つめは、「感情の伝染」です。これは、あなたの気分が聞き手に伝わってしまう現象のことで、私たちが内に秘めるネガティブな感情は、気づかぬうちに周囲に広がり、その場の空気を悪化させます。

スタンフォード大学の研究を見てみましょう(8)。研究チームは、被験者に悲惨な戦争映画を見せてネガティブな気分を体験させた後で、「感情を隠しながらコミュニケーションを取ってください」と指示。初対面の相手と5分の会話をさせたところ、感情を隠しながらやり取りをした被験者には2つの変化が見られました。

- **大半は「会話に身が入らず気が散ってしまった」と報告した。**
- **話の相手も「嫌な気分を感じた」と報告し、感情を隠した被験者にネガティブな印象を持った。**

感情を隠した会話は脳の負担が大きいため、コミュニケーションに身が入らないのは当然でしょう。しかし、その感情が相手にも伝染した上に、被験者にまで嫌な印象を抱くようになったのには驚かされます。

この現象もまた、人類の持つ査定システムが働いた結果なのでしょう。序章でも見たように、私たちはつねに会話のなかで相手の能力を評価しますが、そのセンサーは自分自身の感情にも向けられ、相手が何か隠していないかを敏感に察知するのです。

これらのデータが示すように、素の自分を隠す行為は、あなたのコミュニケーションの大きな足かせになります。言うなれば、自分を偽った会話とは、自ら重荷を背負ったまま遠い道を行くようなもの。そんな苦難を、わざわざ自分から選ぶ必要はありません。

仁《にん》に合った会話があなたの魅力を高める

「嘘は良くない」と言われて、首をひねった人もいるかもしれません。「自分に嘘をつくな」というアドバイスは聞こえがいいものの、現実では、つねに正直なコミュニケーションを貫けるはずがないからです。

たとえば、上司に「嫌な仕事はやりたくない」と伝え、意見の異なる相手に「その考え方は無意味だ」と言い放ち、友人の服装を「時代遅れだ」などと素直に指摘したらどうなるでしょう。どれだけ正しいことを言ったとしても、いらぬトラブルの種になるのは間違いありません。現実の世界では、ありのままの自分を抑え、相手に合わせねばならない場面のほうが多いはずです。

と言っても、別に「嫌われる勇気を持て」などとアドバイスしたいわけではありません。ここで大事なのは、つねに正直なコミュニケーションを貫くだけでは、人としての

〝魅力〟は上がらないという点です。

序章で触れた、「性格が悪い」の問題をご記憶でしょうか。周囲に「冷たい人間」「つねに偉そう」「いつも怒っている」などの印象を与えやすいキャラクターのことで、この問題を抱えた人は、いかに高い能力を持とうが魅力度は上がりません。詳しくは3章で説明するとおり、人としての魅力を高めるにあたり、「性格が悪い」の問題は、確実にクリアすべきポイントです。

そして、残念ながら、正直すぎるコミュニケーションは、この問題に抵触します。相手の欠点やミスを率直に指摘する行為は、あなたを有能そうには見せてくれるかもしれませんが、同時に「性格が悪い」問題を悪化させるため、トータルでは魅力の収支がマイナスに傾きます。**人としての魅力を高めるには、性格の悪さをやわらげつつ、それでも自分の素を出すバランス感覚が欠かせません。**

そのための具体的なテクニックは、3章で取り上げます。とりあえずいまの時点では、ありのままの自分を出しながらも、人間関係のトラブルを起こさずに済む方法があるとだけご記憶ください。

そして、もうひとつよくある疑問にも触れておきましょう。「嘘は良くない」と言われた人のなかには、こんな感想を持つ人がいます。

「素の自分と言われても、自分の素がよくわからない」

「本当の自分がどのようなものなのか自信がない」

「自分が思う素の私と、他人が思う素の私は異なるのでは？」

確かに、私たちの言動は状況によって変わります。職場では寡黙な人が友人にはおしゃべりだったり、家庭では陽気な人が外では人見知りだったりと、状況ごとにコミュニケーションが変わる人は珍しくありません。大抵の人は、周囲に合わせてキャラを変えるものであり、そうとなれば「素の自分とはなにか？」と悩む人が出るのは当然です。心理学における「真正性」には、次のような定義が含まれます。

疑問の答えを得るために、いまいちど言葉の意味を確認しておきましょう。心理学に

「その瞬間に自分がしていることが、本当の自分と一致しているという感覚」

ここでのポイントは、真正性を高めるために、あなたが「本当の自分」を理解している必要はないという事実です。この定義によれば、最も大事なのは「あなた自身がどう

真正性の度合いの違い		
	真正性が高い	真正性が低い
状態	●自己一致	●自分を偽る
効果	●高いパフォーマンスを発揮 ●集中力向上 ●不安の低下	●むしろコミュニケーションが下手になる ●心を病みやすくなる
相手に与える印象	●安心感 ●信頼感 ●好感　など	●何を考えているかわからない ●表面的 ●八方美人　など

感じるか」であり、状況が変わるごとに「いまの私は本物だ」「いまの私は無理をしていない」と感じられる限り、そこには真正性が発生しています。たとえ職場と家庭で話し方が変わろうが、「どちらも本物の自分だ」と感じられる限り、それは素の自分とみなして構わないわけです。

この問題を解決する方法として、本章の後半には、自分の素を理解するためのワークも取り上げています。「自分の素がわからない」と悩みがちな人は、120ページの「ニーズ目録」を試してみてください。

最後に本章の考え方をひとことでまとめるなら、それは「仁《にん》に合ったコミュニケーションを取るのが最適だ」となるでしょう。

仁《にん》は歌舞伎や落語界の隠語で、演者の個性と役柄のマッチングを表します。「仁《にん》にない」と言えば、それは役と演者の雰囲気が合わない状態を示し、「仁《にん》がいい」なら当たり役の意味です。

根が陽気な人間が暗い役を演じてもさまにならないし、神経質な人間が明るい役を選んでも無理がただよう。技術である程度までカバーできても、やはり個性と役柄がピタリと合ったときの魅力には敵わない——。

芸能の世界で語り継がれるそんな肌感覚を、「仁《にん》」と表現したわけです。

同じ知見はコミュニケーションにも当てはまり、自分の仁《にん》に合った会話をしない限り、あなたの魅力は発揮されません。

性格、見た目、表情、声色、喋り方。私たちが生まれ持った個性は人によって異なり、それぞれのパラメーターが組み合わさって、あなただけの仁《にん》を形成します。不安な人がアイコンタクトを意識してもぎこちない印象が生まれるように、口下手がレトリックを使いこなそうとしてもすぐにぼろが出るように、身の丈に合わないテクニックを使うと、どうしても違和感が出てしまいます。

会話のスキルを学ぶのが悪いとは言わないものの、やはり自分の仁に合ったコミュニケーションには敵いません。自分の素になじむ会話こそが、あなたの魅力を高めてくれるのです。

第1章
嘘が多い

本書では、1つの章で取り上げる技法を、「マスターワーク」と「オプションワーク」の2種類に分けています。「マスターワーク」は、文字どおり章ごとの核となる技法で、コミュニケーションの問題を解決する効果が最も大きいものを1つだけ厳選しました。「魅力度テスト」（59ページ）で、「嘘が多い」の総合スコアが低かった人は、この章のマスターワークに重点的に取り組みましょう。

一方の「オプションワーク」には、より細かな問題の解決に役立つ技法をピックアップしました。テスト結果を見ながら、自分の弱点を補えるようなワークを選んでください。

▼マスターワーク　素の自分を表現する【メタトーク】

「嘘が多い」問題を解決するために、最も有効なのが「メタトーク」です。スポーツ心理学や家族療法の分野でよく使われる技法で、昔からアスリートのパフォーマンス改善や、夫婦間トラブルの解決などに成果を上げてきました（9）。

メタトークとは、**会話のなかで頭に浮かんだ思考や感情、またはコミュニケーションの流れそのものを言葉で表現する手法**のこと。会話の内容からはいったん離れ、2つのポイントだけを意識して言語化していきます。

1　**いま私たちは、どのようにコミュニケーションを進めているのか？**

2　**このコミュニケーションで、私の中にどのような心の動きが起きたのか？**

といってもわかりづらいので、具体例で説明しましょう。たとえば、あなたが同僚と仕事の話をするうちに口論が始まり、向こうが声を荒らげてきたとします。真正性が低い人は、このような状況で次のような反応をしがちです。

●嫌な気分を隠して笑顔を作り、相手をなだめようとする。
●何も感じていないふりをして、無表情のまま仕事の話に戻る。
●ただ黙り込んで、その場をやりすごそうとする。
●納得できないまま、とりあえず謝ってしまう。

本当は納得がいかないのに、本心を隠して事態を収めようとするわけです。

それでは、この状況にメタトークを使ってみましょう。

「仕事の進め方について話をすると、あなたの声が大きくなることが多いです。そのような反応をされると、私はたいていわけもわからず謝ってしまいます。すると、あなたの声はさらに大きくなり、『努力していない』『生意気だ』などと言い始めます。それが続くと、そのうち私は黙ってしまいます」

この例では、いったん「仕事の問題」について話すのをやめ、「いま私たちはどのようにコミュニケーションを進めているのか?」に焦点を当てています。「言葉づかいが荒い」「声が大きくなる」「私は黙ってしまう」といったように、いまのコミュニケーションで起きたことに目を向けながら、会話のプロセスを言語化するのがメタトークの第一のポイントです。

真正性が低い人の多くは、他人に気遣いをしすぎるか、相手に好かれたい気持ちが強すぎるせいで、本心を隠すことがよくあります。「迷惑をかけたくない」「自分が我慢すればいい」などの思いが大きく、本意でない行動を取ってしまうのです。

しかし、メタトークでは、あくまで自分と相手の〝会話の流れ〟を描写するだけなので、口論から一歩引いた視点を維持しやすくなります。「あなたの発言はひどい」と指摘するのに抵抗を覚える人も、「あなたの声が大きい」という表現であれば格段に言いやすいでしょう。そのぶんだけ、真正性が低い人でも、自分を偽らない発言が可能になります。

同じ事例を使って、メタトークの別パターンを見てみましょう。

「まだ会話の雰囲気が悪いように感じられて、とまどいを感じています。この状況を改善するために何かをしたいのですが、いまのところ良いアイデアが浮かびません。仕事の話を進める前に、まずはこの問題を解決したほうがいいのではないでしょうか？」

	メタトークでの反応 ○	真正性の低い反応 ×
アウトプット	●会話で起きていることを言語化 ex）相手の発言内容、声の大きさ、態度、それを受けての自身の内面の変化	●やり過ごす ●沈黙する ●とりあえず謝る ●何も感じていないふりをする
フォーカス	自身の心の動き	相手の心の動き

こちらの例では、「このコミュニケーションで私の中にどのような心の動きが起きたのか？」に焦点を当てています。会話のなかで自分が感じた心の動きを描写するのも、メタトークの重要なポイントです。

くり返しになりますが、真正性が低い人は、他人の気持ちに寄り添おうとしすぎる傾向があります。相手の心の動きにばかり意識が向かうあまり、自分の感情がよくわからなくなってしまう人も珍しくないほどです。

その点で、メタトークは、「会話のなかで自分の内面がどのように変化したか？」しか問題にしません。「とまどいを感じる」「何かをしたい」といったように、あなたの内面だけを描写するため、いったん他人の感情から意識を切り離すことができ、より本心を明かしやすくなります。もちろん、これで必ずしも同僚との口論が収まるとは言えませんが、本心を隠してやり取りを続けるよりは、少なくともあなたの真正性は保たれるはずです。

対人トラブルでメタトークを応用する

基本をおさえたところで、メタトークの使い方をもう少し紹介します。

次の例では、あなたが同僚に仕事のミスを指摘したところ、その人物が批判に敏感な性格だったせいで、必死に反論をしてきたとしましょう。真正性が低い人であれば、面倒くささに負けて適当に話を打ち切るような場面です。

この状況では、次のメタトークが考えられます。

「私がミスを指摘した後から、あなたの口調が速くなったので、私は言葉をはさめなくなりました。その後で私は困惑してしまい、フィードバックがめんどうな気持ちになったんです。適当なところで話を打ち切りたくもなりました」

仕事のミスに関する指摘はいったん打ち切り、会話がこじれるまでのプロセスと、自分の心の動きだけを言葉にしているところに注目してください。同僚が確実に落ち着くかどうかはわからないものの、適当に話をまとめるよりも真正性は担保され、口論のエスカレートが止まりやすくなります。

また、メタトークが有効なのは対人トラブルだけではなく、会話中に頭が真っ白になったときなどにも使えます。たとえば、あなたが尊敬する上司に企画の内容について質問されたため、緊張で何も言葉が出なくなったとしましょう。そんなときは、自分の現在の状態についてメタトークを行います。

「本当は、ここでうまい返事を返したくて仕方ないのですが、急に頭が真っ白になって、何も浮かばなくなってしまいました。良いところを見せようとしすぎて焦っているせいかもしれません。ちょっといまは緊張がひどいので、そのご質問については、少し時間をおいて返答してもいいでしょうか？」

即興で話すのが苦手な人は、「正しいことを、正しいタイミングで、正しく伝えたい」という思いが強すぎるケースがよくあります。そのプレッシャーが貴重な精神的エネルギーを消費し、言うことが何も浮かばなくなってしまうのです。

この時に、ただ無言を貫いたり、焦って要領を得ない発言をくり返せば、話し手の真正性は失われていくばかりです。その様子を見た聞き手は、あなたを嫌うとまではいかずとも、良い印象を持つことはありません。

それならば、何も言わずに焦り続けるよりは、「言うことが何も浮かばない」という現状そのものを描写したほうが生産的です。現状を素直に言葉にすることで、あなたの真正性は改善し、上司に与える印象も良くなります。

メタトークには、普段の会話で使うほど、あなたの真正性を高めてくれる働きがあります。コミュニケーションに困ったときは、ぜひメタトークを思い出してください。

前もってメタトークを準備しておく

メタトークは強力な手法ですが、本音を隠すことが習慣づいてしまった人が、普段の会話で使いこなすのは大変です。真正性の問題を抱えた人は、自分を偽ることに慣れすぎており、ほぼ条件反射で嘘を演じてしまいます。

そんな人は、メタトークに慣れるために、あらかじめ準備しておくのがおすすめです。あなたの苦手なコミュニケーションを事前に想定して、「こんな時はどのようなメタトークを行うべきか？」の大枠を決めておくのです。

方法は簡単で、まずは自分の苦手なコミュニケーションをひとつピックアップします。「上司に企画をうまく説明できない」「同僚と話すとすぐ険悪になる」「雑談で話が続かない」など、あなたの苦手なコミュニケーションを自由に選びましょう。

続いて、その状況をイメージしながら、「どのようなメタトークができるだろうか?」と考えて、100〜200文字程度の文章にまとめてください。

●メタトークの準備例

苦手な状況：会社のプロジェクトメンバーの仲が悪く、会議をするといつも険悪になる。

準備：「このメンバーで会議をすると、いつも嫌な気分で話し合いが終わっているような気がする。チームの問題点について話し始めると、解決策をブレーンストーミングしたり、具体的な対策を探す代わりに、なぜだかいつの間にか、すべての仕事が最悪だという話に発展してしまうんだ」

苦手な状況：母親が自分の結婚について不満を抱いており、直に話をすると口論が起きやすい。

準備：「お母さん、結婚式のプランについてなんだけど、まずはどうやって話し合うかを決めない？　この話をすると、いつも同じことをくり返して、最後はお互いに怒って終わってしまう。そうならないためには、どうしたらいいと思う?」

苦手な状況：友人が電話で仕事の相談をよくしてくるが、いつも自分の愚痴を長々と話すだけなのでイライラする。

準備：「君は仕事の愚痴を言うために何度も電話をしてくる。それなのに、僕が解決策を提示すると、君は怒り出すことが多い。だから、ここで確認したいんだけど、電話するとき、君は僕に何を求めているんだろう?『こんな会話がしたい』といった希望はあるかな?」

苦手な状況：友人に仕事の愚痴を聞いてもらおうとしたら、役に立たないアドバイスばかりでイライラする。

準備：「最近の口論について考えていたんだけど、こっちは仕事の愚痴を吐き出したいのに、君はすぐアドバイスをしてくる。でも、僕は話を聞いてほしいだけだから、どうしてもイライラしてしまうんだ。だから、次からは『誰かに話を聞いてもらいたい』と最初に伝えるから、もし無理なら断ってくれていいよ」

苦手な状況：交流会などで雑談をすると、何を言っていいかわからなくなる。

準備：「こういう会ではいろいろな人と仲良くなりたいんですが、私は雑談が苦手なんです。目的がない話をすると、どうしても何を言っていいかわからなくなるんです。こういうときって、皆さんはどうされているんですか？」

いずれの例でも、会話のプロセスと感情の変化だけを言語化し、最後に相手への希望や疑問を付け加えています。このような想定問答を作っておけば、いざ問題が起きたときもスムーズにメタトークへ移行できるでしょう。

ちなみに、言わずもがなですが、メタトークを使う際は、相手への攻撃や皮肉などは使わないでください。本章の最初でもお伝えしたとおり、他人を不快にさせる言い回しはあなたの魅力を下げる方向に働きます。もしメタトークを使って相手を批判したいときは、3章で取り上げる「人格性の構文」（194ページ）と組みあわせて使ってみてください。2つの技法を組みあわせることで、相手への攻撃を抑えて、こちらの意図を伝えることが可能になります。

最後に、なかなかメタトークの会話例を思いつけない人のために、対人トラブルが起きやすい定番の状況と、そこで使える汎用的な言い回しも掲載しておきます。困ったときはこちらも参考にしつつ、自分にしっくりくるようにカスタマイズしてください。

対人トラブルが起きやすい定番の状況、およびメタトークの基本例文

状況1 自分と相手との会話に何か違和感があるが、それが何なのかはわからない。

「ちょっと待ってください。いまの会話に何かしっくりこないものを感じているんですが、何が原因かがよくわからないんです。その原因をはっきりさせたいので、一緒に考えてくれませんか?」

状況2　相手に対して「優越感」または「劣等感」を感じている。

「私はいまあなたに対して批判的な気持ちを抱いていて、それが会話の邪魔になっていることに気がつきました」

「理由はわかりませんが、いま私はあなたに怖い印象を持っています。そのせいでうまく話ができないようです」

状況3　相手が会話のなかで何を求めているのかがわからない。

「ちょっと求めていることがわかりません。どんな希望がありますか？」

状況4　自分が会話に求めるものと、相手の求めるものが一致していない。

「私はいまお互いのコミュニケーションで求めるものが食い違っていると感じます。私の希望は○○ですが、あなたはどうですか？」

状況5　何かに気を取られて会話に集中できない。

「いま○○のことで気が散っています。これをどうにかしないと集中して話ができないので、また別の日にしてもいいですか？」

状況6 相手の無礼に怒りや不満を感じている。

「あなたの行動により、私はとてもイライラを感じていて、冷静に話すことができません。この問題に取り組む時間が欲しいのですが、どうでしょうか？」

「あなたが○○をすると、見下されたように感じるので、やめてほしいと思っています」

※会話中の無礼とは、「話をすぐに遮る」「ノンストップで話し続ける」「こちらが話し終える前に話題を変える」「こちらのアイデアを無視または嘲笑する」「嫌味を言う」などの行為を意味します。また、相手に怒りや不満をうまく伝えたいときは、「境界線プランニング」（109ページ）と「人格性の構文」（194ページ）も参照してください。

状況7 相手に本音を出すのが怖い。

「○○については、○○が怖いせいで緊張して、なかなか正直に言えないんです。この問題を、一緒に解決してもらうことは可能ですか？」

状況8　**相手の考えが理解できない。**

「いま少し混乱しています。あなたの言いたいことをもっと理解したいので、別の方法で説明してもらうことはできますか？　私に一番伝えたいことは何でしょうか？」

状況9　**会話に退屈している。**

「いまはその話題に興味を持つのが難しいみたいです。また別の機会であれば、その話をちゃんと聞けるかもしれません」

「うまく話が入ってきません。私に最も知ってほしいことは何なのか、要約してもらえないでしょうか？」

状況10　**相手が過度な自己卑下をする。**

「あなたは自分自身を批判するような発言が多いですね。そんな言葉を聞くと、私はあなたが自分自身を貶めているように感じて不安になります」

※この例文は、『また私が間違えた』『全部私のせいです』などといった発言が多い相手に対して使います。

状況11　相手が無愛想、または無口。

「あなたが黙ったままだと、私に求めていることがわからないし、機嫌が悪いように感じてしまって不安になります。無口のままでいるのには、何か理由がありますか？」

状況12　相手が視線を合わせない。

「そこまで視線を避けられると不安になるし、話から気が散れてしまいます。私に何か問題がありますか？」

状況13　相手が昔の嫌な話を何度も持ち出す。

「その問題を何度も何度も持ち出されると、私は辱められたような、攻撃されたような、そんな気持ちになります。私があなたに求めているのは○○ですが、理解してくれていますか？」

※このような問題は、会話の相手に、あなたの本当の希望が伝わっていないせいで起きるケースがよくあります。「ニーズ目録」（118ページ）のワークを同時に行い、あなたの本当の欲求を相手に伝えるようにしてください。

状況14　相手が延々としゃべり続ける。

「こちらの返事も聞かずに話し続けられると、私の意見を必要とされていない気分になります。いったん、このことについて話し合いませんか？」

状況15　相手の言葉と態度が一致していない。

「私の目には、あなたは退屈しているように見えますが、あなたはそうではないと言っています。なにかありましたか?」

状況16 相手がこちらの考えを決めつけてくる。

「あなたが、私のことを決めつけることにいらだち始めています。自分の考えを決めつけられると、私はあなたから見下されているように感じるんです」

▼オプションワーク1 恥の感情を払拭する【弱みの情報開示】

「嘘が多い」人によく見られるのが、自分の〝弱み〟をひた隠しにするパターンです。過去の失敗、メンタルの不調、金銭トラブルなどのネガティブな問題を人に明かさず、そしらぬ顔で振る舞い続ける人は珍しくないでしょう。

しかし、真正性の観点からすれば、これほどあなたの魅力が下がる行為もありません。たとえば、マンハイム大学の実験では、約340人の被験者に2種類のタスクのいずれかを指示しました。

タスク1　「即興で作った歌を人前で披露する」
タスク2　「恥ずかしい秘密を他人に明かしている様子を想像する」

どちらのタスクでも、第三者が被験者の振る舞いを観察し、どのような印象を持ったのかを尋ねています（10）。
分析の結果わかったポイントは、おもに3点です。

- **人前で歌う恥ずかしさを隠さなかった人ほど「信頼できる」「勇気がある」と評価された。**
- **自分の恥ずかしさを隠そうとした人は、大半が「印象が悪い」「好感度が低い」と評価された。**
- **自分が恥ずかしい秘密をさらけ出すシーンを想像した人の大半は、「私は弱くて無能だと感じる」と報告した。**

ほぼすべての参加者は、恥や欠点を隠さない人には好印象を抱いたのに、自分が弱みをさらけ出す番になると、「嫌われてしまう」と考える傾向がありました。

確かに、相手に欠点を見せる行為には、大きなリスクがともないます。そのせいで相手から嫌われるかもしれませんし、周囲に悪い噂が広まるかもしれません。そう考えれば、弱みなど隠したくなって当然でしょう。しかし、現実は大きく異なり、弱さを認める者ほど、周囲から信頼を集め、魅力的な人物だと判断されるのです（11，12）。

そこで、使ってほしいのが「弱みの情報開示」です。文字どおり、自分の欠点や弱みをさらけ出すためにデザインされたワークで、定期的に行うことであなたの真正性を高める効果を持ちます。日常で恥の感情を抱きやすい人は、重点的に取り組んでみてください。

ステップ1　適切な相手を選ぶ

まずは、あなたが弱みをさらけ出す相手を選びます。最初のうちは、できるだけあなたの弱みを肯定的にとらえてくれる人や、弱みの改善に協力してくれそうな人物を選んでください。弱みを伝えることで迷惑がかかるような相手や、こちらの問題に共感してくれなさそうな相手は避けたほうが無難です。

ちなみに、適切な相手が見つからないときは、日記に自分の弱みを書き出すところから始めても構いません。それで効果があるのかと思われそうですが、日記に弱みを書き出した場合でも、ある程度までコミュニケーションの能力を上げる働きが認められています（13）。

ステップ2　開示する「弱み」を考える

続いて、あなたがさらけ出す「恥ずかしいこと」や「隠したいこと」を決定します。ここで重要なポイントは2つです。

1　**弱みの強度：**開示する弱みは、あなたにとって負荷が重すぎず軽すぎないレベルを目指してください。簡単にさらけ出せる弱みを明かしたところで誰も感心してくれませんし、死ぬまで隠したいレベルの秘密を明かすのは精神の負担が大きすぎてトレーニングになりません。目安としては、「誰にもばれたくない弱みや秘密」を10点とした場合に、5〜7点の範囲に収まるものを選んでください。採点の基準はあなたの主観で構いません。

2 **弱みの内容：**開示する弱みは、法に触れる行為、あまりに不道徳なものでない限りはなんでも構いません。何も思いつかないときは、次ページの「弱みを探り出す28問」を参考にしつつ、他人に明かすのに抵抗を感じるような内容を選んでください。

弱みを探り出す28問

1	自分で自分をがっかりさせたことはありますか？ それはなぜですか？
2	いままで一番傷ついたことは何ですか？
3	人生で最も苦労したことは何ですか？
4	将来について不安に思うことは何ですか？
5	自分の人生で変えたいことは何ですか？
6	他の人にとっては簡単なのに、自分には難しいことは何ですか？
7	あなたが本当に苦手なことは何ですか？
8	仲間はずれにされたとことはありますか？
9	いままで他人に言った言葉で一番厳しい言葉は何ですか？
10	最後に人前で泣いたのはいつですか？ なぜ泣いたのですか？
11	あなたが人生で直面している課題は何ですか？
12	これまでに犯した最も愚かな過ちは何ですか？
13	何かに緊張したり、不安になったりしたときのことを 思い出してください。どんなことがありましたか？
14	信頼していた人に裏切られたことはありますか？

第1章

嘘が多い

15	本当はやりたいのに、他人の目が気になって できないことは何ですか？
16	いま一番心配なことは何ですか？
17	もう一度人生をやり直せるとしたら、何を変えたいですか？
18	人生でしなければよかったと思う決断は何ですか？
19	最後に「自分はダメだ」と思ったのはいつですか？
20	あなたが一番後悔していることは何ですか？
21	自分のしたことで誰かを責めたことがありますか？
22	あなたが一番恐れていることは何ですか？
23	自分が犯したミスを認めず、隠蔽したことがありますか？
24	あなたの最大の失敗は何だと思いますか？
25	あなたが拒絶された時を思い出してください。 どんなことがありましたか？
26	最後に怒りを感じたのはいつですか？ どんなことがありましたか？
27	あきらめてしまった夢がありますか？ もしあれば、それはなぜですか？
28	誰かを不当に批判して、それが間違っていたことに 気づいたことはありますか？

ステップ3　「悩み相談」の形で開示する

ステップ1で選んだ相手に、あなたの弱みを開示しましょう。ただし、いつもの会話で急に弱みを切り出しても違和感を生むだけなので、「悩み相談」の形で会話を進めるのがおすすめです。いくつか例を挙げましょう。

A：最近、仕事でミスばかりで落ち込んでいるんだ。

B：どうしたの？

A：実は、人前で話すのが怖くてさ。プレゼンとかで失敗するのが嫌で、どれだけ資料を準備をしてもうまく伝えられないんだよ。頭の中で何度も練習するのに、いざ本番になると、言葉が詰まったり、声が震えたりしちゃうし。

B：人前で話すのは難しいよね。でも、練習すれば上達するよ。

A：なかなか勇気が出ないから、練習法があれば教えてくれない？

この会話では、Aさんは「人前で話すのが怖い」という弱みを同僚に明かしました。具体的なエピソードや例を挙げつつ、弱みを克服したいという意欲を伝え、会話が深刻になりすぎないように会話を進めています。

C：ちょっと悩んでいるんだけど、昔、友達を傷つけたことがあってさ。
D：そうなんだ。どんな風に？
C：友人が失恋したときに、それを馬鹿にしたんだよ。それで喧嘩になって……。
D：ひどいなぁ。
C：それから会えてないから、どうしたらいいと思う？
D：それは謝るしかないな。

こちらの例では、過去の嫌な体験を相手に伝え、それに対するアドバイスをもらう形で弱みを伝えました。聞き手に助言を求めることで相手が会話に参加しやすくなり、さらに効果が上がります。

ちなみに、ステップ1で「日記に弱みを書く」スタイルを選んだ場合は、以下のような例が考えられます。

「数年前に、SNSの裏アカウントに差別的な発言を書きまくっていたことがある。あとで自分の行為が恥ずかしくなって消したが、その頃に何人かいたフォロワーが投稿を保存しているのではないかと、ときどき不安になる。拡散されるとは思わないが、家族や友人に知られたらと思うと恐ろしい」

日記に弱みを吐き出す際は、文法や表現などは気にせず、思いつくままに書き出すのがこつです。トレーニングの頻度は、1回あたり10分の作業を、週に2～3回ほどのペースで行いましょう。ただし、「弱みの情報開示」は対人で行うほうが効果が高いため、1か月ほど続けたら、悩み相談ができそうな相手も探すようにしてください。

自分の弱点をさらけ出すのが苦手な人も、このワークをくり返すうちに素を出す能力が育ち、どんな相手ともスムーズにメタトークを行えるようになります。「本音がわからない」「何かを隠していそう」と言われがちな人には、特に効果の高いワークです。

▼オプションワーク2　不快な相手に有効な【境界線プランニング】

「境界線プランニング」は、不快な相手と適切なコミュニケーションを取るために行うワークです。

●丁寧な態度で接しているのに、無礼な発言を止めない。
●何度も断ったのに、無理な要求を押しつけてくる。
●感情が安定せず、急に怒りをぶつけてくる。

このような場面に出くわしたとき、真正性が低い人は、できるだけ嫌な気持ちを抑えて対応を試みます。それが悪いとは言わないものの、人生では必ず不快な事態が発生し、時には自分のキャパシティを超えてしまうケースも多いでしょう。

気の置けない親友でも、気心の知れた同僚でも、なにかの弾みであなたに嫌な言葉を吐く可能性はいくらでもあります。そんな時に自分を殺してコミュニケーションを続けてもあなたの真正性は下がるばかりですし、なによりメンタルに良くありません。

そこで使うべき技法が、「境界線プランニング」です。境界線とはコミュニケーションにおける限界ラインのことで、「過去の失敗を笑われるのだけは我慢できない」「親をけなされたら絶対に怒りがわく」といったように、あなたが許容できる不快さのレベルを事前にチェックするために使います。

もともとはDVに悩む人のために開発された技法で、先行研究によれば、このワークを実践した被験者は、自分の境界線を意識するのがうまくなり、不快な相手とコミュニケーションをするスキルが改善。さらには、ネガティブな感情も減り、自分の身を守る能力にも改善が見られました（14）。自分の限界を認識したおかげで、不愉快な体験を対処するのがうまくなったようです。

逆もまたしかりで、境界線を設定するのが下手な人は、メンタルを少しずつ病む傾向があります。多くの調査では、コミュニケーションに境界を設定しない人は、うつ病、社会不安、神経症にかかるリスクがはね上がり、そのせいで他者との会話がさらに苦手になってしまうとのこと（15）。自分の限界を理解せずに、不快なコミュニケーションを続けていたら、メンタルをやられるのは当然でしょう。

それにもかかわらず、現代人のほとんどは、コミュニケーションに境界線を設定するスキルを持っていません(16)。「私のコミュニケーションの限界とは?」などと考えたことがある人は少ないでしょうから、自分の境界線が把握できないのは無理からぬ話です。不快なコミュニケーションから身を守るためにも、ぜひ「境界線プランニング」を試してみてください。

ステップ1　ストレス状況のリストアップ

まずは、あなたが「あの人の態度にはがまんできない」と思うような相手を、思いつく限りリストアップしましょう。過去のコミュニケーションを振り返り、次のような人物を探してください。

- 周囲が不快になるコメントが多い人。
- 自分だけに無礼な発言が多い人。
- 会話の流れの大半を支配する人。
- 高圧的に頼み事をしてくるため、つい「イエス」と答えてしまうような人。
- 「自分は常に正しく、周囲はいつも間違っている」という態度を取る人。

●仲間（友人や家族など）に攻撃的な言葉をかけてくる人。

ステップ2　境界線を越えられたときの感情的な反応を考える

続いて、ステップ1でリストアップした人物の中から、特に苦手な相手をひとりだけ選び、その人物と過去に交わしたコミュニケーションを、1〜2分ほど思い出します。軽く目を閉じて、相手との対話のなかで起こったことを思い描きましょう。

●相手に無礼なことを言われた瞬間。
●相手が感謝もせずただ命令してきた瞬間。
●相手が仲間をばかにした瞬間。

あなたが不快さを感じたときの情景を鮮明にイメージしながら、2つのポイントについて考えてください。

●感情の変化：不快なコミュニケーションによって、自分のなかにどのような感情がわき上がったかに注意を払います。怒り、恥ずかしさ、屈辱、悲しさなど、相手に抱いたネガティブな感情を、できるだけ明確に思い出しましょう。

●身体の変化：不快なコミュニケーションによって、自分の身体にどのような変化が起きたかに注意を払います。たとえば、「心臓の鼓動が速い」「顔が熱い」「肩がこる」「顔がこわばる」などです。

ここで確認した感情と身体の変化は、あなたの境界線が侵食されたことを示すサインだと考えられます。今後、不快な相手とやり取りをする際は、このサインが自分に表れていないか意識するように心がけてください。

ステップ3　境界線プランを作成する

ステップ2の作業をもとに、具体的な行動プランを立てます。「境界線を越えられたときに、気持ちを落ち着かせるにはどうすればいいか？」と考えて、ネガティブな感情が鎮まりそうな手段を考えてください。よく使われる手法には、以下のようなものがあります。

- 深呼吸を3回する。
- 不快な人物からいったん離れ、トイレで顔を洗ってから戻る。
- 落ち着いている自分をイメージする。
- 呼吸に集中し、自分の肉体に起きた変化を観察する。
- 手を強く握ったり緩めたりする作業を何度か行う。
- 嫌な人物と自分が会話をしているところを、第三者の視点から眺めた様子をイメージしてみる。

どの方法が効きやすいかは人それぞれなので、あなたに一番しっくりくるものを選んでください。不快な人物とのやり取りをイメージしつつ、いくつかの手法を実際に試してみて、最も感情がやわらいだものを採用すると良いでしょう。これといった対策を思いつけないときは、深呼吸を選ぶのがおすすめです。

感情を落ち着かせる方法を決めたら、これにステップ２で体験した感情や身体の変化と結びつけます。たとえば、次のような具合です。

●「怒り」を感じ始めたら、手のひらを何度か強く握る。
●「顔のこわばり」を感じ始めたら、いったんトイレに行く。

このように、「○○（感情または身体の変化）を感じ始めたら、○○（具体的な対策）をする」といった文章に落とし込めば境界線プランは完成です。

ステップ4　境界線フレーズを作る

最後に「境界線フレーズ」を作成しましょう。これは、ステップ3で作った境界線プランで冷静さを取り戻した後で相手に言うセリフのことです。あらかじめ言うべきことを用意しておけば、どんなに嫌な相手と対するときも、より適切な発言ができるようになります。

定番の「境界線フレーズ」には、以下のようなものがあります。

境界線フレーズの例

- いまは何も言うことはありません。
- 理由はありますが、あなたに説明する義務はありません。
- 私は自分のニーズを最優先しているので、それはお断りします。
- あなたの気持ちは理解しています。でも、私の気持ちも同じぐらい大事です。
- 自分の考えには自信があります。
- 私の理由は個人的なものなので、あなたに説明する必要はありません。
- それはあなたの問題であって、私の問題ではありません。
- ご心配ありがとうございます。でも、自分のことは自分で決めます。
- お誘いありがとうございます。でも先約があるんです。
- 申し訳ありませんが、これは私には必要なんです。
- 言いたいことはわかりますが、私は違う考えを持っています。
- よくわからないので、まずは考える時間をください。
- お申し出には感謝しますが、お断りさせてください。

フレーズを決める際は、なんどか口ずさんでみて、あなたが言いやすいものを選びましょう。また、過去に自分が使ってみてうまくいったフレーズや、誰かが使った良いフレーズなどを流用しても構いません。特定のものに決めづらいときは、「まずは考える時間をください」「いまは何も言うことはありません」というフレーズを使うのがおすすめです。

境界線フレーズが決まったら、ここまでのステップを1つの文章にまとめましょう。

ポイント：「怒り」を感じ始めたら、手のひらを何度か強く握り、その後で「いまは何も言うことはありません」とだけ言って、その場から離れる。

これで境界線プランニングは完成。あとは、実際に不快な相手とのコミュニケーションで試してみるのみです。ちなみに、相手が自分の境界線を越えてくる前までは、「人格性の構文」（194ページ）を駆使して、できるだけ平穏な会話を心がけてください。

▼オプションワーク3　自分の欲求を知る【ニーズ目録】

「嘘が多い」人に多いのが、「自分のニーズがわからない」という問題に悩むパターンです。

ニーズは心理学の用語で、私たちが心の奥に抱く、人間としての根本的な欲求のこと。「金が欲しい」「昇進したい」「家を買いたい」といった表面的なものではなく、「他者からの理解」「友人からの共感」「社会とのつながり」のように、より深いところにある欲求を意味します。

たとえば、あなたが「良い会社に入りたい」と思ったとしましょう。一見深い欲求のように見えなくもありませんが、よく考えれば、その奥にはさらなるニーズが想定できます。もしかしたら、あなたは「人生の安心を得る」ために良い会社に入りたいのかもしれないし、「自分の能力を活かしたい」気持ちがあるのかもしれません。このように、私たちの心の奥にひそむ深い欲求を〝ニーズ〟と呼ぶわけです。

残念なことに、真正性が低い人の大半は、自身のニーズを把握するのがうまくありません。本心を明かさないコミュニケーションを長く続けてきたせいで、「私は何を求めているのか？」を感知する能力が下がってしまうからです。この状態を放っておくと、やがてあなたは周囲から「何かを隠している」「本心がわからない」などの印象を持たれるようになり、ひいては人としての魅力が下がってしまいます。

そこで、この問題を解決するのに有効なのが、「ニーズ目録」を使ったワークです。これはコミュニケーションの研究で有名なマーシャル・B・ローゼンバーグが提唱する手法で、代表的なニーズをまとめたリストを使って自分の欲求を掘り下げていきます(17)。60ページのテストで、「自分の深いところにある考えや感情を、よく理解できている」という質問のスコアが低かった人は、このワークも取り入れてみてください。

ステップ1　ニーズ目録のチェック

まずはじめに、「ニーズ目録」の中身をチェックしましょう。これは、どんな文化圏の人間でも必ず持っている普遍的なニーズをまとめたリストで、酸素、食べ物、睡眠といった身体的な欲求から、自律性や安全性といった精神的な欲求が網羅されています。まずはリストをざっと眺め、ニーズのイメージをとらえてください。

人間関係のニーズ				
他人から受け入れられる	愛情を持つ	愛情を持たれる	感謝する	感謝される
グループに帰属する	誰かと協力する	誰かと通じ合う	親密な関係を築く	コミュニティを作る
友情を与える	友情を与えられる	優しくする	優しくされる	尊敬する
尊敬される	一貫性のある関係を保つ	他人に共感する	誰かを包容する	深い関係を築く
愛を与える	愛を与えられる	相互に重要な関係を築く	育成する	育成される
自尊心を得る	安全を得る	誰かを守る	誰かに守られる	安定した関係を築く
誰かをサポートする	誰かをよく知る	誰かからよく知られる	誰かを注目する	誰かから注目される
誰かを理解する	誰かから理解される	誰かを信頼する	誰かから信頼される	暖かさのある関係を築く

身体的健康のニーズ				
休息・睡眠	セックス	身体の安全	安全な場所	スキンシップ

感覚のニーズ		
真正性 （自分が本当の自分でいられているという感覚）	一体性 （自分のポテンシャルを発揮できているという感覚）	実在性 （ぼんやりとした人生でなく、自分が明確に生きているという感覚）

遊戯のニーズ	
喜び	ユーモア

平和のニーズ						
美しさの感覚	考え方を同じくする人との交わり	安らぎの感覚	平等の感覚	調和の感覚	インスピレーション	秩序の感覚

自律のニーズ				
好きに選択できる	自由に行動できる	独立して考えられる	空間にとらわれない	自分の考えで行動できる

意味のニーズ					
なんらかの気づき	人生そのものを祝う	挑戦の感覚	明晰さの感覚	自分に能力があるという感覚	自覚的に行動できている感覚
何かに貢献している感覚	何かを創造している感覚	何かを発見する	何かを効果的に行えている感覚	何かに影響を与えている感覚	成長の感覚
希望の感覚	学習の感覚	何かを追悼する感覚	何かに参加する感覚	人生に目的を持っている感覚	自己を表現する
なんらかの刺激を受ける	自分で自分を重要だと思う感覚	何かを理解する			

ステップ2　ニーズ目録を使う

毎日のコミュニケーションのなかで、何か嫌な気持ちになったときのことを思い出してください。親から嫌みを言われた、友人にからかわれた、上司に叱られたなど、どのような状況でも構いません。

続いて、その時に自分が抱いたネガティブな感情を言語化します。たとえば、「これは怒りだ」とか「悲しみとイライラが混ざった感情だ」といった具合です。

その上で、ネガティブな感情が発生した背景には、どのニーズが隠されているのかを考えます。嫌なことが起きたときの状況を思い出しつつ、「ニーズ目録」の内容と照らし合わせてください。「友人に嘘をつかれて怒ったのは、自分の『他者を信頼したいニーズ』が満たされなかったからだろう」のように、ネガティブな感情を抱いた理由を掘り下げてみましょう。

ちなみに、満たされないニーズの数は、1つだけとは限りません。個々の嫌な出来事の裏には、2〜3つのニーズが隠されているケースもよくあります。あなたの感覚にフィットするものが見つかるまで、時間をかけて取り組んでみてください。

また、先にも述べたことですが、「私のニーズは良い大学に入ること」「私のニーズは友達と定期的に会うこと」といった表現は、あなたが持つ本来の欲求を正確に表していないので注意してください。このような場合は、「良い大学に入って安心感を得たい」「友達と定期的に会ってつながりの感覚を得たい」といったように、さらに一段奥のニーズを掘り下げる必要があります。

ステップ3　自問

最後に、さきほど選んだニーズを考えながら、「このニーズを満たすにはどうすればいいだろう？」と自問しましょう。「友人に自分のニーズを伝えて改善をうながす」「いまは貯金がない事実を親戚に伝える」といったように、コミュニケーションで起きた問題を解決できそうな、具体的なアクションをひとつ考えてみてください。

トレーニングの方法は以上です。実践の目安としては、1日に最低1回のワークを行うと、4週間ほどでニーズの把握がうまくなったことを実感できるでしょう。「自分の気持ちがよくわからない」という悩みを持つ人には、ぜひ取り組んでほしいワークです。

第2章

感情が幼い

「毎日、あなたが恐れていることを

一つ行いなさい」

エレノア・ルーズベルト（国際連合人権委員会の初代議長）

感情を制御できない人ほど魅力が下がる

あなたのコミュニケーションがうまくいかない原因。その2つめは、**「感情が幼い」**です。序章で見たとおり、感情のコントロールが苦手で情緒が安定しづらく、周囲から**「緊張しがち」「空気を読まない」**などと思われやすいタイプのことです。

感情コントロールの重要性は過去に何度も示されており、たとえばウォータールー大学の実験では、約1600人を集め、対人トラブルに弱い人の特徴を調べたところ、**感情の制御が苦手な人ほど相手を思いやった発言ができず、問題を解決できない**傾向が確認されました（1）。

そのメカニズムは簡単で、感情コントロールが苦手な人は、トラブルで生じた不快な感覚に耐えられず、どうにかして自分の身を守ろうとします。すると、会話のあいだも意識は自分の内面にばかり向かい、他人の気持ちを考える余裕が消え、周囲からは、

「空気を読めない」「態度が硬い」「話を聞かない」などと思われてしまうわけです。

事実、感情が幼い人たちは、コミュニケーションの際に、以下のような行動をよく取ります。

- **小さなことでイライラし、機嫌が悪い態度を隠せない。**
- **他人の注目を浴びると、何を言ってよいかわからなくなる。**
- **ちょっとした批判を受け流せず、いつまでも蒸し返す。**
- **些細なことに大げさに反応し、場の空気をしらけさせる。**
- **自分が言いたいことばかり気にして、相手の話を聞かない。**

表面に表れる行動こそ違うものの、感情のコントロール不足が防衛的な反応を生み、それがコミュニケーションの問題に繋がる点はどれも同じです。

これでは人間関係などうまくいかなくて当たり前ですが、感情のコントロールが私たちの魅力を左右するのには、人類の進化にもとづくより根の深い理由があります。

言わずもがな、原始の世界においては、生き残る能力が高い者ほど人気を集めました。動物を追跡する身体能力、衣料や道具を作る知識、火を利用するスキルなどを備えた人物は原始のサバンナで重宝され、より多くの仲間にも恵まれたはずです。それゆえに、人類の魅力査定システムは、生き残るのに役立つ能力の有無を、評価の材料として使うように進化しました。

この人は、問題を解決するのがうまいか？
この人は、問題に立ち向かう意欲があるか？

そんなポイントを会話のなかで見極め、自己の生存率を高めてくれそうな人物を選別するわけです。

同じシステムは現代人にも受け継がれ、頭が良い人、仕事ができる人、金儲けがうまい人は、やはり高い確率で周囲からの人気を集めます。これは心理学で「**有能性**」と呼ばれるポイントで、あなたが持つ能力の高さが、周囲に伝わっているかどうかを示す用語です。もし友人やパートナーから「頼りになる」「できる人だ」などと思われているなら、あなたは有能性が高い人物だと言えます。

それでは、私たちの脳は、他者のどこを見て有能性を判断しているのでしょうか。査定システムが評価のために使うポイントは、大きく2つあります。

1　**有用なスキルと知識**
2　**感情をコントロールする力**

1つめの「有用なスキルと知識」は、人生を生き抜くのに役立つすべての能力のことです。**高い知性、身体能力、仕事で身につけた専門知、人生の経験値、キャリアで成し遂げた成果**など、あらゆるスキルと知識が、ここに含まれます。もちろん、現代で必要とされる能力は原始時代とは異なりますが、有能な人を仲間にしたいと願うのは今も昔も変わらぬ人間の心理です。

もっとも、生存に役立つスキルと知識は、一朝一夕に身につくものではありません。誰もがうらやむ身体能力や専門知識を手に入れるには相応の労力が必要ですし、だからこそ有能性の指標として働くわけです。現時点で目立ったスキルや実績を持たない人が、このポイントを追い求めるのは非効率でしょう。

そこでフォーカスしたいのが、2つめの「感情をコントロールする力」です。冒頭で説明したとおり、これは自分のメンタルを思いどおりに操る能力のことで、**問題の解決にすぐに取りかかる行動力、決めたことをやり抜く意志力、トラブルに動じない平常心など**がふくまれます。

それもそのはずで、いかに高いスキルを持っていたとしても、問題を解決する精神力がなければ生存率は上がりません。野生動物の知識が豊富だろうが、いざ食糧が尽きたときに狩りへ向かうモチベーションがわかないような人物は、原始の世界を生き抜くことができなかったでしょう。

この問題を解決するために、私たちの脳内には、感情のコントロールがうまい人に好意を持つ仕組みが備わりました。ネガティブな感情に飲み込まれず、必要な場面でモチベーションを自在に操れる人を前にすると、**私たちの脳は瞬時に「この人は問題解決がうまい」と判断し、相手への魅力を感じるのです。**

深く考えずとも、自分の感情を制御できないような人物と、コミュニケーションを取りたいとは思わないはず。つまり、〝感情が幼い〟人ほど魅力は下がるわけです。

会話が苦手な人でも、実は十分な社交スキルがある

感情をコントロールする力は、また別の方向からも、あなたのコミュニケーションを楽にしてくれます。

そこでまず押さえておきたいのは、「私はコミュニケーションが苦手だ」と考える人の大半が、実はすでに十分な社交スキルを備えているという事実です。どれだけ自分では会話が下手だと信じていても、本当は技術的には問題がない人がほとんどなのです。

この根拠として有名なのは、モントリオール大学の総説です（2）。研究チームは、過去のコミュニケーション実験を100以上も精査し、「会話が苦手な人は社交スキルがないのか？」について調べました。

その結果、口下手を自認する人たちが、実際に社交スキルが低いことを示す証拠は得られませんでした。**「話が得意だと思っている人」**と**「話が苦手だと思っている人」**を

比べても、社交スキルの差は見られなかったのです。

一例として、大学生を対象にした実験を見てみましょう。この研究では、被験者に初対面の相手と5分のフリートークをさせ、その様子を観察した第三者に、全員の社交スキルを評価させています。ここで判断の基準に使われたポイントは、「自分から相手に話しかけるか?」「相手の言葉を聞いているか?」「聞き手の視点で話を考えられるか?」「はっきりと話しているか?」などです。いずれも会話における重要なスキルばかりでしょう。

分析の結果は、次のとおりです。

- **自分で「コミュニケーションが苦手だ」と考えていた人たちは、みな「うまく話せなかった」と自己採点した。**
- **第三者は「ほとんどの人の社交スキルは同じレベルだ」との評価を下した。**

多くのデータによれば、口下手を自認する人の多くは、自分の社交スキルを実際よりも低く見積もり、それによってコミュニケーションに不安を抱きやすい傾向があります。簡単な会話であれば、その社交スキルを問題なく使えますが、難しいテーマについて話したり、気難しい人物を前にしたりといった場面では、不安のせいで本領が発揮できなくなるようです。

しかし、感情のコントロールがうまくなれば、この問題をクリアできます。実際には十分な社交スキルを持っているのだから、**後は会話中のネガティブな感情を乗り越えれば良い**だけだからです。

事実、前出の調査でも、感情のコントロールのトレーニングを2～4週間続けた被験者は、コミュニケーションの指導を受けなくても、対人関係や社交スキルの向上が見られました。感情のコントロール能力が上がったおかげで、難しい会話のあいだも平静を保てるようになったのが原因のようです。

もちろん、なかには純粋に社交スキルが足りない人もいるでしょうが、過去の研究に照らせば、現実では十分な技術を持った人のほうが多いものと考えられます。もしあなたが「私は会話が下手だ」と思っていたとしても、その考え方を見直してみる価値は十分あります。

このポイントについては1990年代から研究が進み、ネガティブな情動を制御しつつコミュニケーションを取る方法について、精度の高い道筋が見えてきました。
嫌な相手と話すときにも冷静さを失わず、人前のスピーチで余裕を失うこともなく、落ち着きを持って相手の話に耳を傾ける——。
正しい方法さえ学べば、そんな能力を身につけるのも不可能ではありません。それでは、感情の幼さを克服する方法を見ていきましょう。

本章の技法も「マスターワーク」と「オプションワーク」の2種類に分かれています。「マスターワーク」は本章の核となる技法で、感情が幼い問題を解決する効果が最も大きいものを1つだけ厳選。一方で「オプションワーク」には、より細かい問題に対応するための技法をピックアップしました。「魅力度テスト」（59ページ）の結果に従って、自分に適したワークを選んでください。

▼感情の幼さを克服するマスターワーク【不快プランニング】

「不快プランニング」は、感情の幼さを克服する効果が最も高いワークです。心理療法でも使われるエクササイズで、その考え方をひとことで表すと、

●嫌なことを〝計画的〟に行うエクササイズ

となります。あなたの苦手な人物や交流の場にあえて飛び込み、少しずつ心を慣らしていくのが、このワークの基本コンセプトです。

昔は怖かったことが、小さな経験を積むにつれて、楽になったような体験は誰にでもあるでしょう。犬が怖かった人が子犬と遊ぶうちに愛犬家になったり、高いところが苦手だった人が高層オフィスに勤務したら何も感じなくなったりと、似たような例はいくらでも思いつきます。これと同じ現象を、コミュニケーションのなかで再現するのが「不快プランニング」です。

といっても、これは「嫌いな相手でも我慢して慣れろ」という話でありません。運動

が嫌いな人が急にマラソンをしたら倒れてしまうのと同じで、大嫌いな相手と会話をくり返せばすぐに心が折れてしまいます。

そこで重要なのが、先ほどの定義にあった〝計画的〟の部分です。

初心者がマラソンを走るには、レース本番に向けて、段階的に練習の計画を組まねばなりません。最初のうちは1回30分のランニングで身体を慣らし、1週間が過ぎたら1キロの距離を走りはじめるなどして、少しずつ負荷を高めていくのが普通でしょう。

それは対人関係でも同じで、苦手なコミュニケーションに慣れるには、計画的に負荷を上げる必要があります。たとえば、あなたが人前で話すのが怖いタイプだったとしましょう。仕事のプレゼンはいつも緊張で口がまわらず、スピーチや講演に成功した経験はゼロ。人前でのトークはできるだけ避けてきたため、自分の希望を上にうまく伝えることができず、社内での評価も上がらない状態です。

この問題に対処するために、不快プランニングでは、次のような練習を設定します。

レベル1　家族の前で、スピーチの原稿を朗読する
レベル2　仲が良い同僚の前で、スピーチの原稿を朗読する

レベル3　友人のパーティで乾杯の挨拶をする
レベル4　会社の会議で、同僚の意見にコメントする
レベル5　少人数のイベントで短いスピーチをする
ゴール　プレゼンでスピーチをする

ご覧のとおり、最初は緊張しない相手で練習を行い、慣れたら小さなグループの前でのスピーチにレベルアップ。最終的には実際のプレゼンに参加できるようになるまで、じわじわと難易度を上げます。コミュニケーションの負荷を少しずつ高め、苦手な状況に脳を慣らしていくわけです。

もちろん、コミュニケーションに感じる不快さには個人差があるので、このワークを行う際は、あなたのレベルに合ったアクションを選ぶことになります。人によっては「家族にスピーチをする」よりも、「趣味のサークルで発表をする」や「プレゼンの講義に行く」ほうが楽だと感じるケースもあるでしょう。そんな時は、主観的な感覚にしたがってレベル設定を変えても問題ありません。

脳の暴走がコミュニケーションの問題を引き起こす

不快プランニングは、単純ながらも効果は高く、「雑談ができない」や「上司の質問にうまく答えられない」などの日常的なトラブルはもちろん、社交不安のような深刻な症状にも有効性が示されています。

代表的なデータとして、ノースカロライナ大学などが行ったメタ分析があります（3）。メタ分析は、過去の実験データをまとめて、精度が高い結論を出す研究法のことです。単独の研究よりも大量のデータを組み込めるため、ここで出た結論は、より信頼性が高いものと考えられます。

このメタ分析では、約1万3千人分の調査データをもとに、「緊張でうまく話せない」「会話に不安がある」といった問題に効果があるトレーニングを検討し、以下の結論を出しました。

●コミュニケーションの悩みに効くトレーニングには、大抵「不快プランニング」の要素が含まれている。

●「不快プランニング」の〝効果量〟は0・86だった。

効果量は統計用語のひとつで、「コミュニケーションがどれぐらい改善するか?」を表した数字です。この値が大きくなるほど効果も高いと判断でき、このメタ分析では、一般的な精神療法と抗不安薬の効果量を、それぞれ0・56と0・49だと報告しています。つまり、これらの手法よりも、不快プランニングは効果が高いと考えられるわけです。この分析などをもとに、研究チームは、不快プランニングを「不安と闘うための最も強力な武器のひとつ」と表現しています。コミュニケーションの問題に取り組むなら、まず考慮すべきテクニックなのは間違いありません。

不快プランニングの効果が高いのは、この手法が、**脳のアラームを正常に戻す働きがあるから**です。

コミュニケーションが苦手な人は、**会話のなかで発生する失敗を、過大に見積もる傾向があります**。たとえば、「こんなことを言ったらバカに見えるのでは?」「いま口ごもったら嫌われるのでは？」といった思考が脳内をかけめぐり、そのせいで何も話せなくなったり、場の空気に合わないことを口走ったりしてしまうような状態です。

実によく見る現象ですが、これに大きく関わるのが、脳の扁桃体というエリアです。扁桃体は人間の情動をつかさどる部位で、外界の危険に応じてアラームを発し、私たちに不安や緊張などの感情を抱くように働きかけます。私たちが身に迫った危険をすぐに警戒できるのは、扁桃体のおかげです。

しかし、困ったことに、この警戒システムはよくバグを起こします。なんらかの理由で扁桃体のセンサーが狂い、「相手が退屈そうな顔をした」「思ったより会話が弾まない」「うまい表現ができなかった」のような小さい問題にも過敏に反応し、ネガティブな感情を発動させるのです。故障した防犯センサーが、揺れる木の葉にまで反応するのに似た状態と言えます。

脳のセンサーが狂う原因は無数に存在し、ある人は上司に何度も怒られて会話が怖くなったのかもしれませんし、またある人は学校でいじめを受けた経験がトラウマになったのかもしれません。いずれにせよ、ネガティブな体験のせいで扁桃体が過敏になり、警戒システムに狂いが出るのはよくあることです。

ところが、ここで不快プランニングを行うと、私たちの扁桃体は、警戒センサーを少しずつ正常なレベルに戻し始めます。**自分が許容できる不快感に身をさらし続けることで、「コミュニケーションの失敗はたいしたことがない」と脳が学習しはじめるから**です。このくり返しにより、最後には扁桃体の感度が適正なレベルに落ち着き、少しの問題ではアラームを鳴らさなくなります。

いずれにせよ、不快プランニングの効果は、ただの〝慣れ〟にとどまらずに、あなたの社交スキルを底上げする方向にも働きます。「あえて不快なことをする」と言われると身構えるかもしれませんが、挑む価値があるワークだと言えるでしょう。

不快プランニングを実践する7つのステップ

ステップ1　苦手なコミュニケーションのピックアップ

まずは、あなたが苦手だと感じるコミュニケーションについて考え、思いついたものをすべて書き出します。「上司への仕事の相談」「父親との電話」「Aさんとの会話」など、コミュニケーションがうまくいかない状況をすべてリストアップしましょう。

何も思いつかないときは、次の質問の答えを考えてみてください。

- **コミュニケーションを避けたくなる人はいますか？**
- **コミュニケーションに関して、あなたの生活に最も支障をきたしている問題はなんですか？**
- **会話中に緊張や不安を最も感じるのは、どのようなときですか？**
- **あなたが過剰な反応をしがちな相手がいますか？（「緊張で言葉が出なくなる」「話すスピードが速くなる」など）**
- **あなたのコミュニケーションが、いつもより下手になってしまうような、特定の人はいませんか？（親、上司、家族など）**

ステップ2　目標の特定

ステップ1で作ったリストのなかから、あなたが最も苦手なコミュニケーションを、1つだけ選びます。「人前でのスピーチ」「パーティでの会話」「イベントでの自己紹介」など、好きなものを自由に選んでください。

ここで最も重要なのは、自分の主観を信じることです。あなたが「これは苦手だ」とさえ思えば、どんな小さな問題でも不快プランニングの対象になり得ます。「軽い雑談もできないなんて恥ずかしい」「上司と話せないなんて恥ずかしい」などと思わず、必ず主観に忠実に選ぶようにしましょう。

思いついた答えは、「不快プランナー」（153ページ）の「目標」に書き込んでください。これが、「不快プランニング」であなたが克服すべきゴールになります。

ステップ3　アクションを考える

このステップでは、具体的な練習の内容を考えていきます。ステップ2で選んだ「最も苦手なコミュニケーション」をイメージしながら、次の質問の答えを考えてみてください。

●最も苦手なコミュニケーションに〝不快さ〟を10点としたときに、1〜9点の〝不快さ〟で済む状況には、どのようなものがあるだろうか？

たとえば、「10人以上の会議で発言する」のが最も苦手だった場合は、「3人の同僚の前で意見を言う」「飲み会で乾杯の挨拶をする」などの状況であれば、そこまで不快さはないはずです。「怖い上司に企画書を出す」のが最も苦手なのであれば、「怖い上司に軽い冗談を言う」「怖い上司と雑談をする」ぐらいなら、不快さの点数はより低くなるでしょう。「最も苦手なコミュニケーション」に近い内容で、それより少しだけ負荷が低いものを考えていくわけです。

採点の方法は、こちらもあなたの主観で構いません。自分が感じる不快感のレベルに沿って、好きなように点数をつけてください。その際は、以下の基準を参照するとわかりやすいでしょう。

0 ——— 不快感が全くない

1〜2 —— 完全に落ち着いている

3 ―――― 多少の不快さはあるが対処できる
5〜6 ―― 少し対処に難しさを感じる
7〜8 ―― 日常生活に支障をきたすほどの強い不快さ
9 ―――― あと一歩で耐えられなくなる不快さ
10 ――― 最悪の不安・緊張・不快さ

いくつかの研究によれば、このステップで複数のアクションを思いついた人ほど、不快プランニングの効果が上がったと報告されています（4）。他人の目は気にせずに、思いつく限りのアクションを書き出しましょう。

ちなみに、具体的に実行できそうなものが思いつかないときは、**「イメージの世界ならできそうなこと」を使っても問題ありません。**たとえば、「人前でスピーチをする」のが苦手なら、「30人の前でスピーチする自分を想像する」「スピーチで話すことを忘れた場面をイメージする」といった具合です。

もちろん現実で行う練習よりは効果が下がりますが、イメージの世界で行う不快プランニングでも、一定のメリットを得られることがわかっています。どんな内容でもよいので、幅広いアクションを考えてみてください。

過去の研究で実際に使われた不快プランニングの例を、コミュニケーションの悩み別に紹介しておきます。あなたなりのアクションを考える際のヒントにしてください。

「人前で話すのが怖い」人向けのアクション

想像アクション
誰もいない観客席の演壇でスピーチをする
聴衆が友人や家族だけのイメージしながらスピーチをする
熱心に話を聞いてくれる聴衆の前でスピーチをする
無関心な聴衆の前でスピーチをする
自分のことを嫌う客の前でスピーチをする
凍りついたようにこわばってスピーチを行っている
会社の会議室などの現実の場所で意見を述べる

現実アクション
鏡の前でスピーチや演技を行う
友人だけの飲み会で乾杯の挨拶をする
混み合ったレストランでひとりで食事をする
会議で自発的に意見を述べる
スピーチを録画し、1人か友人と一緒にチェックする
撮影したスピーチ動画をSNSに投稿する
会議や授業の最中になんらかの質問をする
ボランティアなどの集会に行き、初対面の人に質問をする
スピーチの練習ができる団体を探して参加する

「注目されると話せない」人向けのアクション

想像アクション
飲み会で急に全員が自分の言葉に注目した場面
街頭インタビューを受け、最新の出来事について意見を求められている場面
会議で自分が賞賛されている様子
集団のなかで上司から絶賛されている場面
演劇を見に行ったら、演者から舞台に上がるように選ばれた場面

現実アクション
授業中に質問する
人前で小銭を落とす
飲食店で大きな声で注文する
目立つ服を着る
エアロビクスの練習に参加する
席が空いたときに名前を呼ばれるレストランに行く
会議で動議を出す、あるいは動議を支持する
会議で議事録を読む
集会での司会をする

「会話中に恥をかくのが怖い」人向けのアクション

想像アクション
カジュアルなファッションで高級店に入ったシーン
混雑したコンサートやイベントで間違った席に座り、 別の客から注意されたところ
社会の窓が開いたまま電車に乗った場面
タキシードを着てファストフードで注文する場面
葬式でくしゃみをしてお焼香をまき散らす場面

現実アクション
授業や会議の質問に手をあげ、わざと間違った回答をする
会議でわざと変な発音で自社の名前を言う
自己紹介する際に、わざと経歴を間違える
会話中に不安になったら、通常よりも手を震えさせて焦ったふりをする
他人の質問に対して「緊張でなにも答えられません」と回答してみる
誰にでもわかるような質問をする。(「私たちが今いるのはどこですか？」 「あそこに見える薬局はドラッグストアですか？」など)
至極当たり前の質問をする。(「電気をつけると明るいですか？」 「１階と２階は別の階にあるんですか？」など)
ジョークを理解できないふりをして、真顔で意味を尋ねる
大勢の人がいる場所で転ぶ
会話でできるだけ予想外の意見を述べようとする
会議室やクラスなどで、間違った部屋に入る
ズボンを表裏逆に履いて外出する

「他者からの批判が怖い」人向けのアクション

想像アクション
自分の仕事や意見について、偉い人から批判的なことを言われる場面
上司から悪い評価を受ける場面
自分の好きなことを親友が批判する場面
大勢がいる会議で上司から批判される場面

現実アクション
自分の作品やプロジェクトを友人や信頼できる人に見せ、 率直なフィードバックをもらう
友人や家族に、自分の悪いところを指摘してもらうように頼む
自分の悪いところをいくつか書き出し、友人に読みあげてもらう
友人に怖い上司を演じて批判してもらう
友人や家族に頼んで、これから1週間だけ急に自分の悪いところを 批判してもらうように頼む
自分の短所をまとめたリストを SNS に公開する
ディベートクラブに参加し、自分の意見が批判される機会を持つ
自分が書いた詩やエッセイ、絵画、音楽など、クリエイティブな作品を オンライン上のコミュニティや地域のイベントで発表する

「雑談／目的のない会話が苦手」な人向けのアクション

現実アクション
店や道で誰かを呼び止めて「今、何時ですか？」と尋ねる
電車やバスで他の乗客との会話を試みる
知らない人とわざと目を合わせて「こんにちは」と言う
集団でのボランティア活動に参加し、 他の被験者とコミュニケーションをとる
近所、学校、職場でまだ言葉を交わしたことがない人に自己紹介する
店員に商品や営業時間などについて質問をする
店員に天気や時事の話を持ちかける
レストランなどに電話をして、営業時間やサービスについて尋ねる
一日のうちに一度は、知らない人に笑顔で挨拶する
同僚のファッションや髪型をほめる
インプロ（即興）のクラスを取る

※「雑談や目的のない会話が苦手な人」が想像アクションを行う場合は、上記の現実アクションのなかから、あなたが苦手そうなシチュエーションを選んでイメージしてください。

アクションリストの記入例

目標 10人以上の会議で自信を持って発言できるようになる

アクション	不快指数
家族の前で練習する。	4
一人の友人に向けて発言の練習をする。	3
鏡の前で練習する。	2
あまり知らない同僚に練習に付き合ってもらう。	4
2～3人の会議で発言する。	6
10人の会議で質問だけしてみる。	6
会議で自信を持って発言している自分をイメージする。	3
議事録の作成を担当して、発言の機会を増やす。	5
誰もいない会議室で発言の練習をする。	3
2-3人の同僚と集まって、ランチミーティングをする。	4
一人で練習をする様子を撮影して後で見直す。	4
討論サークルで発言の練習をする。	7
声に出して独り言を言って、声を出すことに慣れる。	2
オンライン会議に参加することで、 顔を出さずに発言する練習をする。	7
オンライン会議でミュートのまま参加して、 こっそり声を出す。	4
読書会に参加することで、 自分の意見を述べる機会を増やす。	8
スピーチコンテストに参加してみる。	9

ステップ4　不快指数の評価

ステップ3でリストアップしたアクションのなかから、あなたが気になるものを5〜6つ選び、点数の順に「不快プランナー」に記入します。153ページの例のように、一番下に3点のアクションを置き、目標に向かって1点ずつ上がるように並べるのが理想です。こちらも自分の主観を信じて、上に進むごとに不快さが少しずつ増すようにアクションを選んでください。

ちなみに、ステップ3で、明確なアクションを思いつけなかった場合は、前出の「会話中に恥をかくのが怖い」人向けのアクション（148ページ）を試しに実践してみてください。マールブルク大学の先行研究によれば、会話中にわざと恥をかくトレーニングは最も汎用性が高く、幅広いコミュニケーションの問題に役立つと報告されています（5）。

不快プランナーの記入例

目標 10人以上の会議で自信を持って発言できるようになる

アクション	不快指数
読書会に参加することで、 自分の意見を述べる機会を増やす。	8
オンライン会議に参加することで、 顔を出さずに発言する練習をする。	7
2～3人の会議で発言する。	6
議事録の作成を担当して、発言の機会を増やす。	5
家族の前で練習する。	4
会議で自信を持って発言している自分をイメージする。	3

ステップ5　不快プランニングを行う

ステップ4で作ったリストをもとに、不快プランニングを実践しましょう。その際には、7つの注意点を守ってください。

1　**不快指数3点のアクションから取りかかる：**不快プランニングを行う際は、不快度が3点のアクションから実行に移しましょう。あなたにとって負荷が高すぎず低すぎないレベルの不快さに身をさらさないと、不快プランニングの効果は得られません。そのためにも、必ず自分で3点をつけたアクションから取りかかり、1段ずつレベルを上げてください。

2　**実行の時間と場所を明確に決めておく：**どのようなアクションを実行するときも、あらかじめ、5W1Hを明確にしておいてください。できれば、「会話に恥をかく怖さを乗り越えるために、月曜日の13時から、会社で同僚に的外れな質問をする」といったように、メモ帳に明記しておくと良いでしょう。この作業をしておくことで、アクションを実行するモチベーションが格段に高まります。

3 **1回のアクションには最低5分かける：**扁桃体のセンサーが正常にもどるまでには、必ず一定の時間がかかります。ワークの効果を出すには、不快な状況に長くとどまらねばなりません。明確なルールはないものの、扁桃体のアラームを止めるには、1回のアクションごとに5分以上はかける必要があります。数秒でアクションを止めてしまうと、扁桃体が反応するレベルの刺激を得られないからです。もちろん、なかには5分もかけられないアクションもありますが、そんな時も、できるだけその場にとどまるようにしてください。

4 **アクションの最中はひたすら没頭する：**不快プランニングの最中に、ついアクションから意識をそらしてしまう人がよくいます。何度もスマホをチェックしてみたり、他のことを考えてみたりして、どうにか目の前の不快さから目を背けようとするのです。嫌なことから逃げ出したくなるのは自然な心理ですが、不快さから意識を逸らすと扁桃体が十分に反応してくれません。アクションの最中は、気を散らないように注意してください。もともとコミュニケーションから意識がそれやすい方は、「心理ノイズ対策」（175ページ）のワークも組みあわせてください。

5　**1週間に4～5回は実践する：**多くの研究では、不快プランニングの効果を得るために、ひとつのアクションを1週間に4～5回行うよう推奨しています。実践の際は、このラインを目安に計画を立てるとよいでしょう。ただし、お金がかかる行動や、他人の協力が必要なアクションなどは、1週間のあいだに何度も行うのは難しいかもしれません。そんな時は、「想像アクション」を取りいれたり、1人でもできるアクションの量を増やすなどして、ワークの総数を増やすように心がけてください。

6　**不快日記をつける：**不快プランニングでは、それぞれのアクションの不快指数を参考に、次のレベルに進むかどうかを判断します。ワークの進み具合を把握するために、アクションの前後で不快指数がどう変わったのかを書き残しておいてください。記録して欲しいのは、アクションを行った日時、実践の時間、不快指数の変化などです。158ページのサンプルを参考に、不快プランニングの成果をメモしておきましょう。

7

不快指数が3点以下で安定したら次に移る：どのようなアクションでも、長く続ければ確実に不快指数は下がります。特定のアクションの不快指数が安定して3点以下を維持するようになったら、それは一段上のレベルに進むべきサインです。目安としては、同じアクションを3〜5回行った後でも、不快指数が一貫して3点以下におさまったら、1つ上のレベルに移ってください。そのくり返しで、最終ゴールを目指しましょう。

逆に、同じアクションを5回試しても点数が下がらない時は、最初につけた不快指数が間違っていた可能性があります。この場合は、そのアクションはいったんあきらめ、レベルが低いものから実践し直してみてください。

不快日記の記入例

日付	アクション	実践時間	実践前の不快指数	実践後の不快指数	備考
1/9	会議で自信を持って発言している自分をイメージする。	5分	3	2	すぐに慣れた
1/13	家族の前で練習する。	10分	4	4	思ったより点数は下がらない
1/17	家族の前で練習する。	10分	4	4	
1/20	家族の前で練習する。	10分	4	3	少し楽になった
1/25	議事録の作成を担当して、発言の機会を増やす。	20分	5	6	事前の予想より不快だった
1/26	家族の前で練習する。	10分	4	3	
1/28	家族の前で練習する。	10分	3	2	不快度が安定した気がする
2/4	議事録の作成を担当して、発言の機会を増やす。	20分	6	5	前よりは楽
2/9	議事録の作成を担当して、発言の機会を増やす。	20分	5	5	
2/15	議事録の作成を担当して、発言の機会を増やす。	20分	5	4	ちょっと慣れた

不快プランニングの手順は以上です。始めて間もないうちは、あえて不快さに身をさらす行為に違和感を抱くでしょうが、この練習を続けた人は、3〜4週間で少しずつワークそのものを楽しめるようになり、コミュニケーションの改善スピードが上がったと多くの実験で報告されています。

その理由は簡単で、不快プランニングには、あなたの自信を高める効果があるからです。練習のなかで何度も不快感を乗り越えると、私たちの脳は「コミュニケーションは怖くない」「自分には社交スキルがある」と少しずつ認識しはじめ、この積み重ねが最終的に大きな自信につながります。一度や二度アクションに失敗しても気落ちせず、ゲーム感覚で楽しんでみてください。

▼オプションワーク1　会話でのアドリブ力を養う【構造チャレンジ】

難しい質問にもすぐに適切な答えを返し、その場で気の利いた言葉を思いつく——。

そんなアドリブの達人を見ると、私たちはつい「天賦の才」を想定します。あの人は生まれつき頭が良いのだろうと考え、後からトレーニングしても無駄だと信じ込んでしまうのです。

しかし、ここ数年の研究によれば、即興の会話がうまい人は、決して知性に恵まれたわけではなく、ある〝手法〟を使っているだけだとわかってきました。その手法について、スタンフォード大学の組織行動学者、マット・エイブラハムスはこう指摘していますす（6）。

「コミュニケーションにおいて、『構造』ほど重要な教訓はない。（中略）構造を持つことで、私たちは即席の会話に備えることができる」

〝構造〟とは、言いたいことを論理的につなぎ合わせ、ひとつなぎのストーリーに整理した状態を指します。映画や小説の世界でよく使われる「起承転結」や「序破急」などが典型的な例です。

どんなにアドリブがうまく見える人も、実際には、あらかじめ決められた構造に沿って対話を進めるケースがほとんど。本人は意識していなくとも、気づかぬうちに明確な構造を使いこなしているケースが多いのです（7）。

アドリブの達人が使う構造にはいくつかの類型がありますが、ここでは最も使い勝手の良い「エイブラハムスの構造」を取り上げます。先述のマット・エイブラハムスが、過去のコミュニケーション研究を調べ、特に有効なをまとめたものです（8）。
「エイブラハムスの構造」は、4つのブロックで構成されます。

【エイブラハムスの構造】

ブロック1　**事実**：まず最初に、何が起こったかを客観的に報告します。自分の判断や解釈をはさまず、ただ事実と出来事だけを詳細に説明するステップです。

ブロック2　**意味**：ステップ1で述べた事実が、相手にとってどのような意味を持つのかを説明します。「その情報がなぜ重要なのか？」「どのように役に立つのか？」「何を学べるのか？」などのポイントを相手に伝えましょう。

ブロック3　**事例**：詳しい例を出して、ステップ2で説明した内容をさらに掘り下げます。

ブロック4　**追加**：あなたが伝えたいアイデアや主張に、さらなるメリットがあることを伝えて終了です。

わかりづらいので、具体例で説明します。たとえば、あなたが「ニュースを簡単に保存できるサービス」の魅力をアピールしたい」場合、次のような展開が考えられます。

事実

このサービスは、さまざまなジャンルのニュース記事を保存し、収集し、分類することがワンクリックでできるんです。

接続

これを使えば、あなたは自分の好みに合ったニュースに素早くアクセスし、それらを組み合わせ、興味や関心に合わせたオリジナルのフィードを作れます。

事例

あなたのようなビジネスパーソンだったら、経済や政治、ＩＴなどのニュースを、自分の興味や関心に合わせてカスタマイズしてフィードにまとめてもいいでしょう。これなら忙しいなかでも、必要なニュースを効率的にチェックできます。

追加

さらに、このサービスには、学習のサポート機能もあるんです。ニュースを穴埋めのクイズ形式にしたり復習する機能もついています。

単にサービスの機能を伝えるだけでなく、聞き手の生活にどのようなメリットがあるのかを順を追って展開するのがポイントです。この伝え方が絶対の正解だとは言いませんが、伝えたい情報を漫然と並べるよりは、相手の心に刺さりやすくなります。

構造を使いこなせれば、あなたの有能性は確実に改善します。

構造が私たちの会話を自由にする

たとえば、腕利きの料理人が、冷蔵庫の余りものだけを使って、即座に新たなレシピを生み出したとしましょう。

このとき、料理人は、ただ適当に材料を混ぜ合わせたわけではありません。「豚肉とトマトが合う」「レンコンと鶏肉は相性が良い」といったように、食材の基本的な組み合わせのパターンを押さえ、その範囲のなかで創意工夫するからこそ、すぐに新しい料理を生み出すことができています。つまり、いままで作ったレシピが〝構造〟として働いているわけです。

同じように、話の基本パターンを押さえておけば、即興で話をしなければならない場面でも慌てずに済みます。あらかじめ決められた構造に従うことで、「次に何を話そうか？」「必要な情報を伝えたか？」などの心配から解放され、心に余裕が生まれるからです。そして、**この余裕は相手にも伝わり、有能性が高い印象に繋がっていきます。**

多くの人は「話の展開を決めたら即興性がなくなる」と思い込みがちですが、実際には、構造こそが私たちの会話を自由にするのです。

それでは、構造の使用例を、もう少し見てみましょう。

状況　同僚が急にプレゼンのアドバイスを求めてきた。

「君のプレゼンには、早口で聞き取れないところがあったね（**事実**）。そのせいで、みんなに緊張していると思われたかもしれない（**意味**）。Aさんなんかは、かなりゆっくりしゃべるから参考になるよ（**事例**）。次のプレゼンは、Aさんをまねしてみたら？（**追加**）」

状況　上司が急に新製品の説明をするように言ってきた。

「この製品は、タッチパネル式の操作画面を採用しました。音声認識機能も搭載し、ハンズフリーの操作が可能です（**事実**）。つまり、従来の製品よりも操作性を向上させ、より幅広いユーザー層に訴求できるよう設計したんです（**意味**）。事前のテストでは、20代から40代のユーザー層から特に高い評価を受けました（**事例**）。デザインもスタイリッシュで洗練されたものにこだわったので、差別化も十分です（**追加**）」

どちらの事例でも、最初は具体的な感想をはさまず、シンプルに事実だけを提示したあと、その情報が重要である理由を語ってから、事例と提案に話を進めています。もちろん、この順番を守らなくても意味は通じますが、構造に沿って内容を広げれば良いので、話の展開に悩みにくくなるのがメリットです。

また、「エイブラハムスの構造」は、雑談の場面でも有効に働きます。雑談のときは、構造を質問の形に変えて使ってみてください。

状況　会社の交流イベントで、初対面のクライアントに話しかけてみた。

A：イベントに参加いただきありがとうございます。どのようなサービスにご興味をお持ちなんですか？**（事実の質問）**

B：顧客管理システムの導入を検討していまして。

A：このシステムを、どのように役立てたいとお考えですか？　顧客管理のどの点にお困りなんでしょうか？**（意味の質問）**

B：実は、顧客の増加が激しすぎて、いままでの仕組みでは対応できなくて。

A：なるほど。たとえば、顧客の増え方が、季節によって変わるようなことはありますか？**（事例の質問）**

B：春先が多くなりますね。

A：そうなるとBプランが良さそうですが、他にも気になる点はありますか？**（追加の質問）**

このように、構造の順序を守りながら質問を重ねれば、「次に何を尋ねようか……」などと考えずに済み、相手の話により集中できます。もし会話が盛り下がりはじめたら、また最初に戻って「事実の質問」からやり直せばOKです。

状況　友人に誘われた飲み会で、隣の人から話しかけられた。

C：今日は誰とのつながりで参加したんですか？
D：あそこにいるAさんと、5年前から知り合いなんですよ。この会にはよく参加しているんですか？（**事実の質問**）
C：そうですね。タイミングが合えばだいたい参加してます。
D：かなり気に入ってるんですね。この会のどのあたりに惹かれているんですか？（**意味の質問**）
C：僕の場合は酒ですね。幹事が日本酒にくわしいので勉強になるんですよ。
D：日本酒好きなんですね。好きな銘柄とかあるんですか？（**事例の質問**）
C：最近は日本アルプスの周辺にある酒蔵が好きですね。
D：どのへんがお気に入りなんでしょうか？（**追加の質問**）

こちらも構造に沿って質問を積み重ねた例です。たいていの会話では、「意味の質問」で話題が展開することが多く、いったんコミュニケーションが軌道に乗ったら構造は無視しても構いません。逆に話題が途切れてしまったら、「事実の質問」から再スタートしてください（「このお店についてはどう思いますか？」など）。

ちなみに、「エイブラハムスの構造」はシンプルで扱いやすいものの、自然と使いこなすレベルに至るまでは練習が必要です。次になんらかの会話をするときは、意識して構造を使うようにしてください。そのうち、どんな場面でも自動で思考の構造化が始まり、誰とでも余裕を持って話せるようになります。

▼オプションワーク2　社交不安を和らげる【不安の再評価】

「魅力度テスト」で「嘲笑や軽口を受けても不快さを調整できる」といった質問のスコアが低かった人に最適なのが、「不安の再評価」です。ハーバード・ビジネス・スクールのチームが開発した手法で、その効果の高さが認められ、現在ではマッキンゼーやP＆Gなどでも社員研修に使われています。

その方法は簡単で、誰かと会話をする前に**不安や緊張を感じたら、次のフレーズを唱**

えるだけです。

- **私はこの人と会話ができることに、とても興奮している。**
- **この会話でどんな新しいことを学べるのか、楽しみで仕方ない。**
- **いったいどんな新鮮な会話になるのかと思うと、待ちきれない。**

これらのセリフは実際に声に出しても良いですし、頭の中でくり返しても構いません。フレーズに違和感があるときは、あなたにとって自然な言葉づかいに変えください。実践するとわかりますが、**「不安の再評価」**を行うと、ほとんどの人はコミュニケーションの不安と緊張がやわらぐはずです。

その効果は実験でもあきらかで、ハーバード大学の研究では、被験者の一部に「不安の再評価」を教え、その後で2分のスピーチを人前で行うように指示しました。すると、結果は明らかで、前者のほうが聴衆の印象が良く、より説得力があったと判断され、後者よりもスピーチの評価が17%上がったと言います。不安や緊張を感じると、普通は気持ちを鎮めたくなるものですが、実際には、真逆の態度を取るのが正解だったわけです。

この手法でコミュニケーションの不快感が減るのは、**「不安」と「興奮」の感情が、ヒトの身体にとってはどちらも同じ体験だから**です。

- **仕事でミスをして不安になった**
- **新しい趣味を始めて興奮した**

この2つは、状態としては完全に真逆ですが、**実は身体に起きる変化には差がありません。**どちらの状況でも、心臓の鼓動が速まり、呼吸の数が増え、血圧と体温が上がり、筋肉が緊張するのは同じでしょう。つまり「不安」と「興奮」も〝身体の覚醒〟という点ではよく似た現象であり、その変化を脳がネガティブとポジティブのどちらに分類したかによって、私たちが体験する感情の種類は決まるのです。

そのため、会話の前に不安を感じたときに、「これは興奮だ」と自分に言い聞かせると、あなたの脳は「いま身体に起きた変化はポジティブなものだったのだ」と錯覚を起こします。それによってパフォーマンスの低下が起きにくくなり、ポテンシャルを活かした会話が可能になるわけです。

ただし、このワークは、コミュニケーションの不安を根本的には解決してくれないので注意してください。「不安の再評価」は、脳をだましてネガティブな感情を短時間だけバイパスする技法であり、不安や緊張の原因を根っこから取り除いてくれるわけではありません。

それなのに、すべての会話に「不安の再評価」を使うと、どことなく無理をしているような印象が生まれてしまいます。一時的に脳をだますことで本来の感情が覆い隠され、そのせいで「真正性」が損なわれるからです。

つまり、「不安の再評価」は、**あくまで対症療法として使うのが正解**。あまり濫用はせず、不快プランニングのサポート用に使うのがおすすめです。

▼オプションワーク3　失敗を引きずらなくなる【影響力プライミング】

「影響力プライミング」は、ケルン大学の組織心理学者、ヨリス・ラマーズらが開発したテクニックです（9）。もともとは就職の面接が苦手な学生のために開発された手法で、コミュニケーションの不安や緊張を改善したいときに、大きな効果を発揮します。
このワークは、2つのステップで行います。

ステップ1　影響力の想起

あなたが他人に対して影響力を持った時の出来事を、最低でも3つピックアップします。あなたが他者の感情を動かしたり、誰かを評価する立場についたり、周囲の行動を変えたりといった体験が過去になかったかどうかを思い出してください。職場、家庭、社交的な場など、どのような状況でも構わないので、自分がまわりに何らかの影響をおよぼした体験について考えましょう。

ステップ2　影響力の詳述

ステップ1で選んだ出来事のなかで、具体的に何が起こったか、それによって自分がどう感じたか、周囲があなたにどのような反応をしたのかを、スマホのメモなどに記入します。
書き出す内容は、どんなに小さな体験でも問題ありません。あなたが「他人に影響を与えられた」と思える出来事であれば、コミュニケーション改善の効果は得られます。いくつか例を挙げましょう。

「2年前、ボランティア団体でプロジェクトマネージャーになった。そのメンバーは、経験豊富なベテランから、入って1年目の新人までさまざまだった。そこで私は、まずメンバーの強みや弱みを把握し、成果を出したメンバーは定期的に面接し、ほめ言葉をかけた。これによって協力関係が構築され、誇らしい気分になった」

「同じサークルに所属していた友人の考え方を変えた経験がある。その友人は、とても優秀で勉強も運動もよくできるタイプだったが、成功へのプレッシャーを感じていた。ある日、私はその友人から相談を受けたので、自分が勉強や部活で失敗した体験を話し、友人には失敗を恐れずにチャレンジしてほしいと伝えた。その友人は、私の話を聞いて、少し気持ちが楽になったようだった」

「ある日、混雑した電車で、目の前に立っていたおじいさんに『席をどうぞ』と声をかけた。すると、席に着いたおじいさんは、電車が駅に停まる直前に、私に『ありがとう。助かったよ』と感謝してくれた」

1回のワークには、最低でも5分をかけましょう。右の例を参考に、自分の体験を描写してみてください。

かなりシンプルなワークながら、これだけでもあなたの会話力は改善します。

たとえば、177名の大学生を対象にした試験では、全体の3分の1に「影響力プライミング」を指導し、ビジネススクールの入学面接を受けさせました。その後、面接官に被験者を入学させたいかどうかを評価させてみると、普通に受験したグループは47・1％が面接をパスしたのに対し、影響力プライミングを行ったグループの採用率は68・4％に達したのです。

ちなみに、この実験では、もともとビジネススクールへの入学を希望する者だけを選んでおり、被験者のモチベーションに差はありませんでした。それにもかかわらず、たった5分のワークで顕著な違いが出たわけです。

このワークが効果的なのは、**自分の影響力を思い出すことで、脳の実行機能が改善するから**です。実行機能とは、目標の達成や感情コントロールに必要な認知能力の総称で、自分の要求や考えを相手に伝えたいときなどに使われます。

要は対人スキルの指令センターのようなものですが、この能力は、ネガティブな体験にとても弱い性質があります。仕事の失敗、同僚からの非難、友人とのけんかなど、日常で起きる嫌な体験は、すべて実行機能に不調を起こし、会話のパフォーマンスを下げてしまうのです(10)。

しかし、ここで自分が影響力を持った体験を思い出すと、私たちの脳は「自分の人生には良いこともあった」という事実を認め、実行機能を回復させてくれます。**日々の失敗を引きずりがちな人には、特に効果的なワーク**だと言えるでしょう。

影響力プライミングは、苦手な相手と会話をする前に時間を作り、邪魔が入らない静かな環境で行うのがベストです。すべて書き終わったら、完成した文章を2〜3回読み直してから、本番の会話に臨んでください。

▼オプションワーク4 会話に集中できるようになる【心理的ノイズ対策】

「感情が幼い」人のなかには、会話のなかで不快な感情に気を取られ、コミュニケーションに集中できなくなる人がいます。怒りや不安などの感情が急にわきあがり、そちらにばかり意識が向かった結果、目の前の相手に注意を向けられなくなってしまうのです。

これは「心理的ノイズ」と呼ばれる現象で、「感情が幼い」人ほどこの問題に悩まされやすい傾向があります。会話の相手が不快な行動を取ったときだけではなく、過去の嫌な体験がふと頭に浮かんだり、話の内容についていけずに焦りを覚えたり、室温が暑すぎるせいで不快感を抱いたりと、あらゆるネガティブな体験は、会話の足を引っ張るノイズになり得ます。

心理的ノイズに注意を奪われながら会話をするのは、大量の小バエが飛ぶレストランで食事をするようなもの。耳元をかすめる羽音に常に気を取られては、食事を楽しむどころではないでしょう。

この問題に心当たりがある人は、普段の生活で意識的にトレーニングを重ね、集中力を取り戻す必要があります。以下のステップで「心理的ノイズ対策」のワークを試してみてください。

ステップ1

いまのあなたが、最もストレスを感じている出来事、一番不安を抱いている状況、いったん頭のなかに浮かんだら離れないような心配事について考えてください。いくつか思いついたら、最もストレスや不安のレベルが高いものをひとつ選び、そこからわきあがってくるネガティブな感情と思考を、2〜3つの文で完結に書き出します。次の例を参考にしてください。

例1

「上司から『成績が悪すぎる』と言われ、その言葉が頭を離れない。クビにされるのではないかと思ってしまうし、実際にそうなったら再就職先が見つかるのかという不安もわいてくる。このことで眠れなくなるのも嫌だ」

例2

「朝起きるといつも脇腹がしくしくと痛む。ネットで調べてみたら、腫瘍の可能性を指摘する記事が見つかった。この間の健康診断でも精密検査が必要と言われたが、怖くて行っていない」

ステップ2

ステップ1で選んだ心配事に関して、自分がどのような恐怖を抱いているのかを考えて、最も恐ろしく感じられるものを紙に書き出してください。あなたにとって、その心配事のどこが一番怖いのかをよく考えてください。

例1
「上司から『成績が悪すぎる』と言われた」→「クビになって路頭に迷うのが一番怖い」

例2
「脇腹がしくしくと痛む」→「本当に悪性の腫瘍だったときが一番怖い」

ステップ3

ステップ2で考えた「最悪の状況」を、詳しく脳内でイメージしてください。

例1

「クビになって路頭に迷う」のが怖いときは、実際に職を失って貯金の残高が減り、将来の不安に脅える自分の姿を思い描きます。

例2

「本当に悪性の腫瘍だった」のが怖いときは、実際に悪性の腫瘍が見つかり、痛みに苦しむ自分の姿を思い描きます。

このステップを行うときは、最悪の事態に悩む自分の姿だけでなく、そこであなたが味わうだろうネガティブな感情も含めて、できるだけ鮮明に想像してください。リアルなイメージを思い浮かべるほど、ワークの効果は大きくなります。

ステップ4

「最悪の状況」をイメージしながら、「この次はどうなる?」と考えてみましょう。

例1

「貯金が減り始めた次はどうなる?」→「親か友人にサポートを頼む」

例2

「悪性の腫瘍が見つかった次はどうなる?」→「頼りになる病院を探す」

次の展開は好きに決めて構いませんが、できるだけ現実味のある内容を選ぶようにしてください。「急に宝くじに当たる」のようなポジティブすぎる妄想や、「一銭もなくなってすべての友人から嘲笑される」などのネガティブすぎる空想は、どちらもリアリティがないのでNGです。「次は80%ぐらいの確率でこの展開になるだろう」とあなたが確信を持てる内容を選んでください。

ステップ5

さっきのステップと同様に、「この次はどうなる?」という問いを、さらに何度もくり返していきます。以下の例のように、最悪な状況をどんどん展開させましょう。

例1

「仕事をクビになって金に困り始めたら、とりあえずバイトを探す。その次は、バイトをしつつ新しい就職先の情報を集めて、その次は、以前にお世話になったクライアントにも相談して、その次は……」

例2

「腫瘍が見つかったら良い病院を探して、次に診断を受けて治療を判断して、次に会社の福利厚生をチェックして、その次はもし入院なら仕事の引き継ぎをして、その次は……」

実際に試すとわかりますが、大抵の人は、トレーニングを行った直後から気持ちが落ち着き、**その後のコミュニケーションへの集中力が上がります。**

最悪の事態を何度も掘り下げることで、「会社をクビになっても家族は責めないだろう」「解雇されたとしても、再就職に必要なスキルと人脈がある」のような気づきが生まれ、大半の心配が杞憂にすぎない事実に気づけるからです。

最後のステップをどこまでくり返すかは個人の好みながら、基本的には、不安な気持ちに変化が生まれるところまで続けてください。この作業を週に2〜3回のペースで行うことで、あなたの脳は少しずつ「心理的ノイズ」への耐性をつけ、会話中も気が逸れにくくなります。

第3章

性格が悪い

「愛嬌と云うのはね、

自分より強いものを倒す柔らかい武器だよ」

夏目漱石（「虞美人草」より）

能力の前に「優しさ」を示せ

あなたのコミュニケーションがうまくいかない原因。その3つめは「**性格が悪い**」です。周囲に「傲慢」「攻撃的」「お節介」などの印象を与え、そのせいで良いコミュニケーションができないタイプのことです。

こういった特性は、専門的には「**人格性が低い**」と呼ばれ、「敵対的で、信頼感がなく、悪意があるように見える状態」のように定義されます。そのため、「魅力度テスト」（59ページ）で人格性のスコアが低かった人には、以下のような行動が見られます。

- **他人の話の途中で割って入る。**
- **相手の言葉をすぐに否定する。**
- **求められてもいないのにアドバイスをする。**

●批判へ敏感に反応し、相手を攻撃する。
●自分は自慢するが、他者の自慢は許さない。

いかにも他人から嫌われそうな行動ばかりであり、このタイプが、うまくコミュニケーションを取れないのは当然でしょう。一方で、人格性が高い人は、周囲から「この人は困ったときに助けてくれる」と思われやすく、「優しい」「近づきやすい」「信用できる」などの印象を持たれます。

優しい人が好かれるのは当たり前のようですが、近年の研究によれば、この特性が私たちの〝魅力〟におよぼす影響は、思ったよりも大きいことがわかってきました。

有名なのはアリゾナ大学の実験で、研究チームは初対面の被験者にペアを組ませ、「このパートナーと投資資金を分配してください」と指示しました。普通に考えれば、有能そうな人物ほど多額の資金を集めそうですが、実際には多くの被験者が、「優しさ」や「親切さ」を感じた相手に多額の資金を分配したと言います（1）。なんらリターンの保証がないにもかかわらず、ただ優しそうなだけの相手に金を渡すのだから、人格性のインパクトは想像以上です。

さらに、もう1つ注目すべきは、人材開発のリサーチで有名なゼンガー・フォークマン社が、10年にわたって行った研究です（2）。研究チームは、7万人を超えるビジネスパーソンへのインタビューを定期的に行い、「有能性」と「人格性」のどちらが重要なのかを調査しました。

具体的には、まずはすべての被験者に、「普段の仕事のなかで、周囲にどのような印象を持たれるように意識していますか？」と質問。ここで得られた回答をもとに、全体を「優しさ」や「親しみやすさ」などの要素を重視するグループと、「知識がある」や「問題の解決がうまい」などの要素を重視するグループの2つに分類しました。そして最後に、この分類をもとに、どちらの要素を重視するほうが評価されやすいのかを検討しています。

分析の結果は、次のとおりです。

- **役職が低いビジネスパーソンの67%が、知識や問題解決力の高さを重視していた。**
- **トップレベルの管理職のうち、61%が温かみのある印象を重視していた。**

多くの企業では、役職が下の者ほど自身の能力や知識のアピールにいそしむ一方で、役職が上の者ほど、周囲に温かな印象を与えようと努力する傾向がありました。もちろん、このデータから明確な因果関係は特定できませんが、周囲から高い評価を集める人ほど、人格性を重んじているのは確実です。

これらの結果について、ハーバード・ビジネス・スクールの心理学者、エイミー・カディはこう指摘します。

「多くの人は、はじめに自身の強さ、能力、資質を強調する傾向がある。だが、これは完全に間違ったアプローチだ。優しさを示す前に高い能力を誇示すれば、相手は恐怖に陥ってしまう」

確かに、高い能力を持った人物を運よく仲間にできたとしても、いざという場面で、その人が助けてくれなかったら意味がありません。そんなトラブルを未然に防ぐには、有能性より人格性を重視するべきでしょう。簡単に言えば、**私たちの査定システムは、「この人物は能力が高いか？」よりも、「この人物は親しみやすいか？」を先に評価する**のです。

事実、349人を調べたレジェント大学の研究でも、謙虚な会話を心がける者ほど人間関係が良く、人としての魅力を高く評価されていました（3）。人間関係のトラブルを解決するには、個人がそれぞれの欠点を認めねばなりません。それなのに、攻撃的なコミュニケーションばかり取っていたら、魅力のレベルが上がらないのは当たり前です。

「性格が悪い」人ほど自信に満ちている

他人に優しく振る舞い、近づきやすい印象をかもし出す。

なんとも簡単なアドバイスですが、実は「性格が悪い」という問題は、「嘘が多い」や「感情が幼い」といった問題よりも解決が難しいところがあります。**この問題を抱えた人の大半は、「私はトークがうまい」「私は他人よりも魅力的だ」と考えてしまうことが多い**からです。

というのも、「性格が悪い」は、コミュニケーションのスタイルが威圧的なので、どうしても周囲の人間が萎縮しやすくなります。しかし、たいていの人は「あなたは威圧的だ」などとは指摘せず、「なるほど」「確かに」と言ってその場をしのぐか、ただ何も言わずに無言の抵抗を貫くかのどちらかを選び、そこでコミュニケーションが終わります。

要するに、単に「めんどうな人だ」と思われたわけですが、「性格が悪い」人は、その事実に気づくことができません。相手のリアクションを了承の合図だと解釈し、**「言いたいことが伝わった」「また議論に勝った」などと判断してしまう**ケースが多いのです。

こういった思い込みが起きるのは、「性格が悪い」人ほど、自信に満ちた話し方をするのが原因です。

人格性が低い人は、常に自分の欲求を優先するため、他者の内面に寄りそうモチベーションを高められません。そのおかげというべきか、「性格が悪い」人ほど、聞き手の気持ちを無視して自分の意見だけを主張する能力が上がり、これが周囲には堂々とした話しぶりとして伝わります。

自信家ほど魅力的に映る現象は、誰もが知るところでしょう。多くの人は、自信に満ちた人を「能力が高そうだ」と錯覚する心理を持つため、威勢がいいだけの人物を見ても一定の魅力を感じます。

たとえば、就職面接を調べた研究によれば、自信がありそうな話し方をした候補者は、そうでない者に比べて採用率が20～50％も高い傾向がありました（4）。「性格が悪い」人のコミュニケーションは、威圧的に思われる一方で、自分を有能そうに見せるメリットもあるわけです。

しかし、その効果は長くは続きません。たとえば、ミュンスター大学が311人の大学生を対象に行った実験では、被験者のコミュニケーションと周囲からの評価を比べたところ、威圧的な話し方をする人たちは、最初だけは周囲から「有能だ」と思われたものの、3週間あたりから印象が悪化し、やがて「信頼できない人だ」と判断されました（5）。自信がもたらす魅力は、意外と賞味期限が短いようです。

同じ傾向はビジネス界からも報告されており、華南師範大学の研究チームは、76のワークチームの会話スタイルを調べ、次の結論を出しています（6）。

「自信に満ちたリーダーが従業員から尊敬される期間は短い。その代わり、謙虚なリーダーは、チームの謙虚さをも高め、長期間にわたって従業員の創造的パフォーマンスにプラスの影響を与える」

親しみやすい会話スタイルを持つリーダーは、チーム全体のコミュニケーションを改善し、従業員の仕事力も上げる傾向がありました。逆に自信満々に会話をするリーダーは、チームで起きた問題を解決するのが苦手で、メンバー同士の人間関係にも悪い影響を与えていました。**良い結果を残すリーダーは、実は謙虚なコミュニケーションを行うタイプのほうが多い**のです。

これらの見解をもとに、インシアード大学の経営学者、マンフレッド・F・R・ケッツ・デ・フリースは次のように指摘します（7）。

「現実には、カリスマとして称賛される人の多くは、自己の重要性にとりつかれたナルシストでもある」

現代では自信に満ちたリーダーがもてはやされがちですが、その見方はデータでは支持されません。それどころか、世間でカリスマと呼ばれる人の大半は、現実には自己中心的なナルシストに過ぎず、実際には企業のパフォーマンスに悪影響をおよぼす存在だというわけです。

確かに、多くの人間を率いるには、自分への批判を素直に受け入れ、エゴを捨ててグループのために尽くす必要があります。自信に満ちたスタイルとは、正反対のコミュニケーションが求められるほうが多いでしょう。

もっとも、いかにデータで示されたところで、人格性の問題を素直に受け入れられる人は多くありません。「魅力度テスト」で人格性の得点が低かった人ほど、「私は正しいことを言っているだけ」「私は根は優しい人間だ」「厳しい意見を伝えるのがプロだ」などの反感が頭に浮かんだはずです。

しかし、この問題において、あなたがどう思うかは重要ではありません。ここで最も大切なのは、現時点で、あなたが威圧的な会話スタイルを取っているという事実。それによって人としての魅力が下がり、適切なコミュニケーションが損なわれているという事実です。

もちろん、威圧的なコミュニケーションが、役に立った場面も少なくはないでしょう。自信に満ちた話しぶりを称賛されたり、強気な態度で難しい交渉をスムーズに進めたりといった経験もあるかもしれません。それだからこそ、人格性が低い人の多くは、自らの会話スタイルを捨てようとしないわけです。

とはいえ、そのようなコミュニケーションは、知り合ったばかりの相手には魅力を感じさせるかもしれませんが、その賞味期限が短いことはすでに見たとおりです。それでも同じようなスタイルを取り続ければ、やがて周囲から「自己中心的」「自信過剰」「他人を軽視する人間」とみなされます。

「有能性」だけでは、私たちは遠くへ行けません。人としての魅力をさらに高めるには、あなたが親しみやすくて信頼できる人間であることを伝える必要があるのです。

本章の技法も「マスターワーク」と「オプションワーク」の2種類にわかれています。「マスターワーク」は本章の核となる技法で、「性格が悪い」問題を解決する効果が最も大きいものを一つだけ厳選。一方で「オプションワーク」には、より細かい問題に対応するための技法をピックアップしました。「魅力度テスト」の結果に従って、自分に適したワークを選んでください。

▼マスターワーク 「性格が悪い」問題に効果的な【人格性の構文】

「人格性の構文」は、「性格が悪い」問題に取り組むのに最も効果的なワークです。

心理学者のトマス・ゴードンが開発した会話法を、後世のセラピストが発達させたもので、もともとは企業のなかで起きる社員の対立を解決するために作られました。今では、その効果の高さが認められ、子育て、学校教育、夫婦間のトラブルといった幅広い分野で使われるほか、AT&T、GEといった大企業の研修にも採用されています。

効果を検証したデータも多く、たとえばシェフィールド大学の調査では、11件の先行研究をチェックしたうえで、構文を使って会話のトレーニングをした被験者は、一様に他人へ共感する能力が高まったと報告（8）。フォーチュン100企業で働く管理職を対象にした実験でも、6か月のトレーニングでコミュニケーションの効率が大きく上がり、ビジネスで起きた問題が解決するまでの時間が50〜80%も短縮されました（9）。

この構文では、自分が伝えたいメッセージを、次の手順で組み立てます。

1　**事実の提示　「あなたが【相手の行動】をすると」**
2　**感情の表現　「私は【自分の感情】だと感じます」**
3　**要求の提案　「そのため、私は【相手に求める行動】をしてほしいです」**

対話のなかで、以上の3点を満たした文章を使うことで、あなたのコミュニケーションは格段に改善します。いくつかの状況ごとに、「人格性の構文」を使った具体例を見てみましょう。

状況　自分が働く部署の給与が他よりも低いことを上司に訴えたい。

【よくある反応】
「なんで私の部署だけ給与が低いんですか！　これは差別でしょう。あり得ません！」

【構文を使った発言】
「私の部署の給与は、他より平均で5％低いようです（**事実の提示**）。そのせいで私は、不公平さを覚えます（**感情の表現**）。給与の計算法についてもっと理解したいので、よろしければ次のミーティングでこの問題を取り上げたいのですが（**要求の提案**）」

状況　両親が3回目の借金を申し込んできたが、まだ前に貸したぶんが返ってきておらず自分の手持ちもない。

【よくある反応】

「お金がないのはわかってるでしょ？　それなのに、なんで貸せると思うわけ？　前のぶんを返してから言ってよ！」

【構文を使った発言】

「借金を頼まれるのはこれでもう3回目だし、まだ前に貸したぶんが戻っていません（**事実の提示**）。私はいまお金がなく、それを知っているのに借金を頼むところに怒りを覚えます（**感情の表現**）。まずは前のぶんを返すか、それが無理なのであれば他を当たってくれませんか（**要求の提案**）」

状況　ある父親が、自分の幼い子どもが、友達に対して汚い言葉を使うのを止めさせたいと思っている。

【よくある反応】

「おい！　そんな汚い言葉をもう一回使ったら、遊びを止めて家に帰らせるぞ！」

【構文を使った発言】

「お前は友達に何度も汚い言葉を使ったね（**観察の提示**）。お父さんは、いまのような話し方を聞くと、とても悲しい気持ちになるんだ（**感情の表現**）。だから、次からは汚い言葉を使うのはやめてくれないか（**要求の提案**）」

どの例も、構文を使った発言のほうが、相手を威圧せずに自己主張ができているのはあきらかでしょう。

怒って口調が荒くなることは誰にでもありますが、厳しい言葉を投げられた相手は、その直後から自分の身を守り始め、あなたのメッセージをまともに受け取ろうとしなくなります。しかし、厳しい言葉を使う前にいったん構文を意識すれば、あなたが他者に与える印象は高まり、そのくり返しで人格性も改善していくはずです。

良い構文を作るための3ステップ

構文の使い方を、さらに詳しく見ていきましょう。慣れないうちは違和感が強いでしょうが、以下のステップでワークをくり返せば、すぐに構文が自然と口をついて出るようになります。まずはそれぞれのステップを最後まで確認し、次の対話から意識して使ってみてください。

ステップ1　事実をチェックする

まずは、あなたが伝えたいメッセージを、事実だけをベースに言語化します。相手に直してほしい行動、仕事で起きたトラブルなどを、批判や感情を交えずに言葉にしましょう。

たとえば、あなたが「パートナーが仕事ばかりして一緒に過ごす時間がない」という問題に対処したいとします。人格性が低い人であれば、思わず「働きすぎだ」と指摘したくなるシチュエーションですが、これでは会話はうまくいきません。「働きすぎ」という指摘は、あくまで主観的な意見でしかないため、もし相手が自分のことを「怠け者だ」と認識していたら、会話がすれ違ってしまいます。

ここで大事なのは、あなたが**伝えたいメッセージに自分の評価を加えず、ひたすら事実にフォーカスすること**です。いまの例で言えば、「あなたは今週60時間以上オフィスにいました」といった言い方であれば、たんに事実を述べただけに過ぎないので問題ありません。

評価と事実の違いを、また別の例で確認しましょう。

評価：「あの人は会議でいつも周りを攻撃する」
事実：「あの人は会議で大きな声を出した」

評価：「同僚は間違いなくプレゼンが下手だ」
事実：「同僚のプレゼンは昔よりも上司の評判が悪い」

事実ではなく評価にもとづいた発言は、どうしても批判のニュアンスが強くなります。このような言い回しをされた相手は、あなたの言葉を「私への攻撃だ」ととらえ、とっさに自分の身を守り始めるでしょう。ここからコミュニケーションを進めるのはほぼ不可能です。

しかし、あくまで事実を述べるのに徹すれば、相手の人格や能力は否定せずにすみます。「あの人は会議でいつも周りを攻撃する」は相手の人格を問題にした表現ですが、「あの人は会議で大きな声を出した」は、あなたが観察した事実でしかありません。そのおかげで、相手が防御反応を起こしづらくなるのです。

もし事実と評価の区別に難しさを感じたときは、「もし相手の行動を監視カメラが録画していたら？」と想像してみてください。その動画を見たときに、あなたの発言は、相手の問題点を証明できるでしょうか？

たとえば、あなたとの会話の最中に、パートナーがスマホに夢中で話を聞いていなかったとします。このとき、相手に「私の話を聞いていなかった」と言っても、監視カメラの映像から、その事実を証明するのは不可能です。たとえ相手があなたから顔をそむけていたとしても、本当に話を聞いていないとは言い切れないからです。

一方で、監視カメラの映像さえ見れば、相手がスマホでゲームをしていたことは、確実に証明できるはず。このぐらい動かぬ事実でない限りは、「事実だけを指摘できた」とは言えません。

とはいえ、人格性が低い人は、会話の相手を無意識のうちに評価するのに慣れていることが多く、この癖を治すのに苦労を感じるでしょう。

しかし、ローゼンバーグらの研究によれば、数週間ほど意識してトレーニングをくり返せば、6歳の児童でも、ただ事実を指摘する能力が身についたと言います。最初はぎこちなく感じても、最低2週間はワークを続けてみましょう。

ステップ2　感情を言葉にする

ステップ1で提示した事実について、あなたがどのように感じたのかを言葉にします。傷ついた、怖い、うれしい、楽しい、イライラするなど、内面にわき上がった感情や感覚を言語化しましょう。

ここで重要なのは、**感情を「意見」や「感想」と取り違えないこと**です。どちらも感情に似ているようで、実際に相手へ与えるニュアンスは大きく異なります。

1「あなたといると、いつも疲れ果ててしまう」（**感想**）
2「気のない返事ばかりするので、『もっとわかってくれ』と感じる」（**意見**）
3「こちらの挨拶を無視するので、見くだされたように思う」（**感想**）
4「仕事が遅いから、『すぐにやれ』といつも思う」（**意見**）

どの言い回しも、表面上は感情を表現したように見えるかもしれませんが、実際には、こちら側の意見か感想しか伝えていません。そのせいで、相手を攻撃するかのようなニュアンスが生まれています。

その代わりに、人格性の構文では、これらの表現を自分の感情ベースで言い換えます。

1「**私はとても疲れて、面倒くささを感じています**」
2「**気のない返事ばかりされて、いまイライラしています**」

3 **「こちらの挨拶を無視されて、怒りを覚えました」**
4 **「仕事が遅いので、焦ってハラハラしてしまう」**

いずれも自分の感情を言葉にしただけであり、聞き手を批難するようなニュアンスはありません。そのおかげで、会話の相手が防御反応を起こす確率が下がり、あなたの人格性も上がります。

これは心理学者が「Iメッセージ」と呼ぶ話法で、昔から対人トラブルを解決する効果が高いことで知られてきました(10)。

たとえば、ノートルダム大学などの実験では、115人のカップルを集め、お互いの問題点について15分だけ議論するように指示。その内容を分析すると、会話中に「Iメッセージ」を使ったカップルほど問題を解決するスピードが速く、「あなたは○○だ」という言い回しが多いカップルほど口論が過熱する傾向が認められました(11)。「Iメッセージ」によって相手を批判するニュアンスが消え、感情的な会話が生まれにくくなったのが原因のようです。

ちょっとした頼みごとや軽いトラブルであれば、「Iメッセージ」だけで事態が改善するケースも珍しくありません。相手に厳しい言葉を投げたくなったときは、一呼吸を置いてから「自分の感情だけ伝えるにはどうすれば良いのか？」と自問してみると良いでしょう。

ちなみに、この考え方は、1章の「メタトーク」に似たところがありますが、あちらは「話し手の負担を軽くする」のが目的だったのに対して、「人格性の構文」では「聞き手の負担を軽くする」ところに焦点を当てています。その違いにも注目して、ワークを進めてください。

ステップ3　構文にまとめる

最後に、ここまでのステップを人格性の構文にまとめ、あなたの要求を付け加えましょう。

たとえば、あなたが「パートナーが仕事ばかりして一緒に過ごす時間がない」という問題に対処したいとします。このようなケースでは、次のような表現が考えられるでしょう。

「今週は、あなたが60時間以上も働きづめだったので（**事実の提示**）、一緒に過ごす時間がなくて悲しいです（**感情の表現**）。もっと会話を増やす方法を考えてみませんか？（**要求の提案**）」

相手に伝える情報は、必ずしも構文のステップどおりに並べる必要はありません。「事実」「感情」の2つを伝えたうえで、最後に要求の提案をするというフォーマットさえ押さえておけば、構文の効果は十分に得られます。

また、構文の最後に要求を付け加えるときは、できれば以下の条件を満たすように心がけてください。これらの条件は必須ではないものの、構文に取り入れることで、あなたの言葉の説得力が大きく上がります。

1 **相手にやってほしいことは必ず肯定文で**

相手に何かを要求するときは、否定文ではなく肯定文を使いましょう。

たとえば、「この部屋で大声を出さないでください」という要求は、否定文なのでNGです。否定文には相手を批難するニュアンスが大きいため、そのぶんだけ構文のメリットは薄れてしまいます。この場合は、「この部屋では図書館で話すぐらいの声で話してくれませんか？」のように、肯定文に変換しましょう。

例「ギャンブルでお金を無駄づかいするな」→「お金をもっと有意義に使ってくれ」
「遊んでばかりいるな」→「もっと勉強をしなさい」
「会議で大きな声を出さないで欲しい」→「会議では落ち着いた声で話をしてほしい」

2 あいまいな行動よりも、具体的な行動を示す

一聴して何をすべきかがわからない表現も、あなたの人格性を下げる一因になります。たとえば、「もっとうまく運転をしてほしい」「ちゃんと働いてほしい」のような表現は、具体的にどのような行動をしてほしいのかがわかりづらく、そのぶんだけ相手のフラストレーションが増します。私たちの脳は「わかりやすさ」を好むので、少しでも負荷が高い情報には反射的な嫌悪感を抱くからです。

この場合は、「制限速度を守って運転してほしい」「今週のうちにプレゼン資料をまと

めてほしい」といったように、誰が聞いても誤解しようのないレベルまで行動を指定するのがポイント。この表現であれば、言葉が耳に入った瞬間にやるべきことを理解できるため、無駄な口論に発展する確率が下がります。

例
「お金をもっと有意義に使ってくれ」→「お金を子どもの服代に使ってくれ」
「もっと勉強をしなさい」→「たまっている宿題を3日間でしあげなさい」
「会議では落ち着いた声で話をしてほしい」→「会議では同僚のAさんのようなトーンで話をしてほしい」

3 相手の自由を尊重した表現をする

「相手の自由を尊重する」のも、「人格性の構文」のパワーを高める大事なポイントです。これは、相手に選択の自由を与える言い回しのことで、次のような例が考えられます。

例
「お金を子どもの服代に使ってくれ」→「絶対にとは言わないが、お金を子ども

の服代　に使ってくれ」

「溜まっている宿題を3日間でしあげなさい」→「溜まっている宿題を3日間でしあげなさい。どんなペースでやるかは、お前に任せるが」

「会議では同僚のAさんのようなトーンで話をしてほしい」→「もし可能であれば、会議では同僚のAさんのようなトーンで話をしてほしい」

どの例においても、話し手の要求を受け入れるかどうかを、聞き手の意志にゆだねています。これによって、**相手の〝選択の自由〟を強調**するわけです。

これはマーケティング業界で使われてきた話法で、**〝選択の自由〟を尊重するとしないでは言葉の影響力に顕著な差が出ます。**たとえば、コミュニケーション学者のクリス・カーペンターは、2万2千人のデータを精査したメタ分析のなかで、聞き手の自由を尊重する言い回しを付け加えるだけで、相手がこちらの要求を飲む確率が50〜100%の範囲で上がると報告しました(12)。

ここでもし、ただあなたの要求を伝えただけだと、聞き手は反射的に抵抗感を抱きます。ストレートな要求は「命令」に近いニュアンスを持つため、相手の脳は、反射的に

「私の自由意志が侵されている」と判断し、あなたに傲慢な印象を抱くのです。

相手の意志を尊重する際によく使うフレーズを、以下に挙げておきます。使い勝手の良い手法なので、可能であれば使ってみてください。

相手の自由を尊重するフレーズ
あなた次第ですが
誰かと相談して決めてください
もし可能であれば
最後は自分で決めてください
お好きなようにしてください
もちろん、選ぶのはあなたの自由ですが
準備ができたらで構わないので
どちらを選んでも良いですが
あなたにお任せします
自分のタイミングでOKです
自由に選んでくださいね
もしよろしければ
絶対にとは言わないが
ご判断にお任せします
あなたの考えを尊重しますが
もし差し支えなければ

「人格性の構文」を使った変換の例

参考までに、「性格が悪い」人のコミュニケーションを、「人格性の構文」に従って変換してみた例をいくつか挙げておきます。

反射的な言い方：そんな簡単なプロジェクトも時間どおりにできないのか！

構文に変換：プロジェクトが締め切りを過ぎても完成していないので、少し焦りを感じているんだ。差し支えなければ、午後3時から進捗状況を確認するミーティングを行いたいんだが。

反射的な言い方：あなたとは話し合いができない。

構文に変換：予算の話をするはずが、いつの間にか同僚の批判になっていて、フラストレーションを感じています。一緒に座ってこの問題について話し合えたらいいんですがどうでしょうか?

反射的な言い方：今日何があったか、何も話してくれないね。

構文に変換：仕事が終わった後に、部屋にこもってゲームをしているのが寂しい。なにかコミュニケーションをしたいので、絶対にとは言わないけど、ちょっと話につきあってくれない?

反射的な言い方：いつも話を聞いてくれない! むかつく!

構文に変換：私が話すとテレビを見て大笑いを始めるので、自分の言いたいことが伝わっていないのではないかとイライラする。いまだけで良いから、テレビを消してくれないかな?

反射的な言い方：部屋が汚すぎる。1回も片付けたことがないね。

構文に変換：部屋が散らかっていると、なんだかみじめな気持ちになるんだ。君のタイミングでＯＫだから、一緒に片付けをできたらありがたいんだけど。

反射的な言い方：働きすぎだぞ。

構文に変換：最近、君が家に来る時間が1日3時間もないから寂しいんだ。もし可能なら、週末に何かいつもと違う活動を一緒にしたいんだけど。

反射的な言い方：君の問題点は、自分勝手なところだ。

構文に変換：私はいま本を読みたいんだけど、君は「掃除を手伝え」と言った。自分の好きなことができなくてイライラしたので、掃除を午後に回すことはできないかな？

反射的な言い方：このプロジェクトをやれるのは自分しかいないと思っているだろう。いつも主導権を握ろうとするよな！

構文に変換：君はさっきの会議で「自分がスケジュールを決める」と発言した。プロジェクトをリードしてくれるのはありがたいけど、私にも決定権がないと寂しい気持ちになるんだ。対等なパートナーとして、決定権を半分ずつ分配する方法を考えられないかな？

反射的な言い方：家計に無責任すぎる！

構文に変換：貯金が減るペースが先月よりも早いので、家計についてかなり心配なんだ。これから3カ月で、収入の10％は貯金に回したいんだけど、どうだろう？

反射的な言い方：あなたは赤ちゃんにミルクをあげようともしない。

構文に変換：最近、私は1日4時間ずつしか眠れていなくて、とても疲れているし、イライラも感じます。赤ちゃんの世話を交代でやるためには、どうすればいいか話し合ってみたいんだけど。

▼オプションワーク1　人格性の低さを改善する【パワーワード・チェック】

「性格が悪い」問題を抱えた人は、とかく〝強い〟言葉を使いたがります（13）。「間違いない」「君はいつもそうだ」「それは悪手だ」といったような、ものごとを決めつけるようなフレーズを持ち出す頻度が高いのです。

このような表現は**「パワーワード」と呼ばれ、あなたの人格性を下げる働きを持ちます。**いずれの言葉も、自分の意見を押しつけるニュアンスが強いため、傲慢さや威圧感が強調されるからです。

この問題を防ぐには、典型的なパワーワードを事前に学んでおき、普段の会話で使っていないかどうかを意識するのがベスト。以下のリストにあるような表現を、この一週間の会話で使わなかったかどうかをセルフチェックしてみてください。

ちなみに、人格性が低い人だけでなく、普段は温厚な人でも、感情が高ぶると思わず強い言葉が出てしまうことはよくあります。「魅力度テスト」で人格性のスコアが高かった人も、パワーワードは押さえておいて損はありません。

パターン1　断定系パワーワード

断定系とは、「明白に」「あきらかに」「疑いなく」「完全に」「確実に」などのフレーズを指します。自分の正しさを信じて疑わない場面で使いがちなパターンです。

現実の世界では、議論が完全に白と黒に分かれるケースのほうが少なく、相手に非しかない場面もまれでしょう。断定的な表現は話し手に力強さを与えますが、回数が増えれば増えるほど、威圧的な印象が強まっていきます。また、断定系パワーワードは、**意見の異なる相手を見下すニュアンスが強く、**この点も人格性にダメージをおよぼします。

パターン2　誇張系パワーワード

「あなたはいつも◯◯だ」「君は一度も◯◯したことがない」といったように、**相手の行動や思考を極端に誇張する**パターンです。たいていの場合、これを言われた相手は「そんなことはない」との反発心を抱き、「一週間前の夕方に◯◯をしたはず」「昨年は◯◯をしなかった」といった反論をしたくなります。

これでは、いつまでたっても生産的な会話はできませんし、周囲からの信頼性も損われるばかりです。相手になにかを指摘をするときは、「いつも」や「一度だって」などのフレーズはできるだけ削除しましょう。

パターン3　指示系パワーワード

「君は◯◯をすべきだ」「◯◯などすべきではない」のように、「べき論」で相手を丸め込もうとするパターンです。ほとんどの人間は「自分の行動は自分で決めたい」という強い欲求を持つため、〝べき〟を使って指示をされると、尊厳を侵された気分を抱きます。これにより、あなたの人格性が下がってしまうのです。

誰かに指示を出したいときは、「◯◯を考えてもいいのでは?」「ひとつの可能性としては……」といったフレーズをはさみ、**相手の自律性を尊重してください。**

パターン4　感情系パワーワード

「話に割り込まれてむかついた」「君の話は気分が悪い」などと、ネガティブな感情を前面に押し出すパターンです。怒りがわけば感情的になるのは当然ですが、このように言われて素直に謝る人はいません。**感情をぶつけられた人の9割は、たとえ自分が悪かったとしてもすぐに守りの姿勢に入り、あなたの言葉をそれ以上は聞かなくなります。**

「人格性の構文」の変換例（210ページ）を参考にしつつ、「話に割り込まれると見下された気になります」「話し終えるまで邪魔しないでもらえますか?」といったような言い回しに変えてみましょう。

パターン5　否定系パワーワード

「そんな行動はプロらしくない」「君の考えは倫理に反する」のように、相手を頭ごなしに否定するパターンです。相手の能力や人格を否定ばかりしていたら、コミュニケーションがうまくいかないのは当たり前でしょう。

この言い回しが多い人は、相手を否定するのではなく、**行動の結果にフォーカスした言葉づかい**をしてください。たとえば、締め切りを守らない同僚に対して、「約束を破るのは人間として良くない」と言いたくなったときは、

- **約束を守らないと目標を達成できない。**
- **約束を破られるとクライアントから信頼されなくなる。**
- **その行動は会社のコアバリューと矛盾する。**

といったように、相手の行動によって引き起こされる結果のほうを強調するわけで

す。この表現であれば、相手は能力と人格を否定されたとはとらえず、こちらの話に耳を貸す率が上がります。

パワーワード・チェックを行うときは、普段からこれらのフレーズに気をつけるだけでなく、その日に交わした会話を1日の終わりに振り返り、次の疑問について考えてみると良いでしょう。

●今日の会話で自分はパワーワードを使ったか？　使った場合、それはどのような言い回しだったか？

●今日使ったパワーワードの代わりに、どのような言い回しができたか？

この作業は必須ではありませんが、毎日の習慣にすることで、あなたの人格性はさらにアップします。いつもは温厚な人でも、立場が下の相手と接するときはついパワーワードを使いがちです。毎日とは言わずとも、定期的にチェックしてください。

▼オプションワーク2 魅力が上がり周囲にも喜ばれる【肯定ゴシップ】

人間はゴシップが好きな生き物です。イギリスの社会調査センターが世界各国で行ったリサーチによると、私たちが普段交わす会話は、全体の65～80%が噂話で占められ、平均して1日52分もゴシップに費やしていました(14)。

それもそのはずで、原始時代の人類において、ゴシップは生命線のひとつでした。デジタルデバイスがない世界では、「隣の部族は信用できるか?」「最高の腕を持つハンターは誰か?」「オアシスはどこにあるのか?」といった重要な情報を、すべて口頭で伝えるしかなかったからです。

いきおい人類の脳には、噂話を重く見る回路が備わり、そのシステムを継いだ現代人もまた無類のゴシップ好きになりました。**他人と噂話を交わすと、原始のシステムが「ゴシップのおかげで生存率が上がった」と解釈**するのです。

このシステムを使って、あなたの人格性を高めるのが「肯定ゴシップ」です。「ゴシップ」という言葉に悪いイメージを持つ人も多いでしょうが、社会学および心理学の世界では、少し定義が異なります。同僚の成長を上司に報告したり、友人に妻の良いところを伝えたりと、その場にいない他者の肯定的な側面を周囲に広める行為も、ゴシップの一種だととらえるのです。

近年の研究では、このようなゴシップには、幅広いメリットがあることが分かってきました。前述した社会調査センターの調査によれば、肯定ゴシップには次のメリットがあります。

- **他者との関係を維持し、グループの絆を強くする。**
- **集団内でどう振る舞えば良いかがわかり、社会的なスキルが上がる。**
- **ストレスがやわらぎ、免疫システムが整う。**

社交スキルはもちろん、幸福感と健康まで改善するのだから、なんとも驚くべき効果ですが、ここには「**自発的特性転移**」という心理が関わっています。

たとえば、あなたが上司に向かって「同僚のAさんは計画的で努力家です」と肯定ゴシップを行ったとしましょう。要するにその場にいない第三者をほめただけに過ぎませんが、ここで不思議な現象が起きます。報告を受けた上司は、Aさんに良い印象を持つだけでなく、あなたに対しても「計画的で努力家な人だ」とのイメージを抱くのです。
このように、他者へのほめ言葉を、無意識のうちに話し手の特性だと考える心理が「自発的特性転移」です。簡単に言えば、あなたが他人のポジティブな面を話せば話すほど、周囲はあなたを良い人だと思うわけです。

「肯定ゴシップ」のやり方は、とてもシンプルです。

1　1日に最低1分だけ、その場にいない人の「良い話」を誰かにする。
2　自分が話し終わったら、相手にも「誰かの良い話はない？」と尋ねる。

このステップを守るだけで「自発的特性転移」が働き、あなたの人格性は改善します。ゴシップの内容は自由で、あなたが心から「すばらしい」とさえ思えれば、どのようなものでも構いません。代表的なパターンを4つ挙げましょう。

1　その人物が成功した理由を他の人に伝える。

「あの人がプロジェクトを成功させたのは、時間と予算の管理に長けているからなんだよ」

2　その人物の見過ごされがちな美点にスポットライトを当てる。

「あの人の現場主義は、新しいプロジェクトをスタートさせるのに役立った」

3　その人物が周囲にもたらすポジティブな影響をほめる。

「彼がいると空気が明るくなって、仕事がはかどる」

4　その人から受けたポジティブな影響に触れる。

「あの人の人生観のおかげで、もっと思慮深く生きたいと思った」

肯定ゴシップは、1日1分行うだけでも人格性が高まり、あなたの人としての魅力も上げてくれます。他人に喜んでもらえるうえに、自身のコミュニケーション能力まで上がるのだから、人格性が低い方は試すべきでしょう。

▼オプションワーク3　他人に興味を持つための【サイドスイッチ練習】

人格性が低い人のなかには、「他人への興味が持てない」パターンも見られます。

- **自分の言いたいことを最優先にするせいで、他人に興味を持つ余裕がない。**
- **周囲の人間を下に見ているため、他人の話に耳を貸したくならない。**
- **そもそも他人の感情に共感する能力が低い。**

原因はいくつも考えられますが、いずれにも共通するのは、**自分の欲求ばかりに注意が向かい、他人の内面を掘り下げるモチベーションがわかないところ**です。

この問題が、適切なコミュニケーションを妨げるのは言うまでもありません。自分のことしか考えない人が好かれるはずもなく、いかに正しいことを語ったとしても、相手は心を開かないでしょう。

「サイドスイッチ練習」は、この問題を解決するために開発されたエクササイズです。もともとは議論に勝つ能力を養うために考え出されたトレーニングですが、後の研究により、他者への共感力を高める作用も高いことが判明。現在では、討論の場面だけでなく心理療法の世界でもコミュニケーションの改善に使われています。「魅力度テスト」

で「どちらかというと温厚で、人の気持ちを気にするほうだ」といった質問の点数が低かった方は、次のワークを実践してみください。

ステップ1　会話テーマの確認

はじめに、あなたがこれからコミュニケーションを取る相手を思い浮かべ、そこで話題になりそうなトピックを考えましょう。「新しい企画について話し合う」という仕事の相談でも良いし、「パートナーと家事の分担について話し合う」といったプライベートの会話でも構いません。相手と語り合うトピックを明確にしましょう。

例

「同僚と新規顧客のキャンペーン企画を話し合う」
「お互いに得意な家事と苦手な家事をはっきりさせる」
「新プロジェクトの予算が足りないことを上司に伝える」

ステップ2 サイドスイッチ

ステップ1で明確にしたトピックを思い描きつつ、「もし自分が会話する相手の側にいたらどうなるだろうか？」と想像してください。相手の立場に立った自分の姿をイメージしながら、そのトピックについて架空の議論をスタート。あなたの言葉に、相手がどのような返答や反論をするかを予想して書き出しましょう。

うまく会話を想像できないときは、次の方法を試してみてください。

●**ブレインストーミング**：もし相手が自分の意見に反論しそうな場合は、次の要領で、ブレインストーミングを試してください。

1　自分の発言が正しいと明確に主張できる理由を、最低でも3つ書き出す。

2　相手の発言が正しいと明確に主張できる理由を、最低でも3つ書き出す。

例　**自分が正しい理由**「ターゲット層の調査データにより、20代〜30代の女性に向けたキャンペーンが最適だと言える」

相手が正しい理由「ターゲット層のニーズは多様なので、20代〜30代の女性以外にも検討する必要がある」

自分が正しい理由「競合他社のキャンペーンを分析したところ、フォトコンテストやハッシュタグを使った拡散キャンペーンが差別化につながる」

相手が正しい理由「競合他社のキャンペーンにはトラブルの報告も多く、リスク管理のコストが大きくなる」

●**ストレステスト：**相手の視点に立ったときに、あなた自身の発言がどのように見えるかを考えてみましょう。

相手があなたの話を聞いていると想像したとき、あなたの考え方や言い方に対して、相手はどのような返答または反論をするでしょうか？

相手の立場に立ったときに、自分の発言のどこに反論したくなるでしょうか？

相手の視点から見て、自分の発言を論破できないでしょうか？

これらの答えを考えて、書き出してみてください。

例「インスタグラムは競合他社もよく利用しているから、差別化を図る必要がある」

「リスク管理を重視しすぎているので、挑戦的な企画が実行できない」
「子どもたちが寂しがっているから、週末は家にいてくれと言われそう」

●**損失投票**：相手の視点に立ったところをイメージしたまま、相手が議論に勝利したところ、または話し合いがうまく終わらなかった場面を想像してください。その上で、次の質問について考えてみましょう。

そのとき、自分はどのような発言をしたのでしょうか？　相手が勝った理由はなんでしょうか？　自分が犯したミスはなんでしょうか？

これらの答を考えて、書き出してみてください。

例
「相手が話し合いに勝った理由は、アプローチの具体性や実現の可能性と、プロジェクトの成功に向けた具体的な計画を提示したからだと思われる。私が犯したミスは、実現の可能性への考慮が少なかったこと、他の関係者の視点やニーズを忘れたことだ」
「社会保障費のための増税に賛成したが、『経済成長を阻害する恐れがある』という反論にうまく返せなかった。低所得者層への負担が大きくなるという指摘にも準備が足りなかった。軽減税率を持ち出しただけでは弱かった」
「仕事が忙しいことを持ち出したが、自分が週末は飲みに行くことも多いのを指摘されて言葉が継げなくなった。『細かく時間を作って子どもと遊ぶ』と提案したが、それが逆効果になった気がする」

サイドスイッチ練習は、あなたが生まれ持つ〝共感力〟に働きかけ、ひいては他人への興味をかきたててくれます。意図的に他者の反応をシミュレートするうちに、私たちなかに「この人はどのような人間なのか？」「自分とは思考と感情がどう違うのか？」といった問題意識が生まれ、これが相手への好奇心に火を着けてくれるからです。

この手法は、ディベートの前に行えば、お互いの主張の長所と短所を把握できますし、プライベートの会話でも、相手の感情を予測しやすくなります。そのおかげで、相手への質問の量も自然と増え、雑談のスキルも上がると考えられています。

他人への興味は、人格性を高めるのに欠かせない要素です。さまざまなコミュニケーションの場面で、このワークを試してみてください。

▼オプションワーク4　他人と揉めがちな人に適した【期待管理ワーク】

「性格が悪い」人は、相手への「期待」にずれが生じているケースがあります。「期待」とは、私たちが他者の行動を予測するために使うメンタルモデルのことで、次のような例が典型的です。

「部下は上司を立てるべきだ」
「仕事中は雑談すべきでない」
「挨拶をしたら返すべきだ」
「風邪ぐらいで仕事を休むべきではない」

ご覧のとおり、大半の「期待」は、**「〜すべき」「〜すべきでない」**といった文章で表現されます。このような思考には、自分が育った文化や過去の体験が反映されるケースが多く、私たちの行動を無意識下で操る「対人関係のルール」として働きます。

もちろん、他者の行動を予想して行動するのは普通のことですし、それでコミュニケーションがうまく進む限りは問題ありません。が、残念なことに、私たちは時として自分の「期待」を他人にぶつけ、相手の行動を変えようとします。「仕事の前には私に連絡すべきだ」「友人ならもっと一緒に遊ぶべきだ」などと勝手な期待をかけ、それをもとにコミュニケーションを行うのです。

この態度が威圧的な会話につながるのは、わかりやすい話でしょう。もしあなたが「仕事の前には私に連絡すべきだ」と考えたとしても、相手が同じルールの持ち主でなければ期待が裏切られる確率は大きく上がります。そのたびに、あなたは「なぜあいつは連絡しないのか」「自分は下に見られているのではないか」といった怒りを募らせます。そこから、攻撃的な会話が始まるまではあと一歩です。

「期待管理ワーク」は、こういった問題に対処するためのワークです。あなたが抱く勝手な「期待」に気づく能力を養うトレーニングで、**他者の発言に怒りを覚えやすい人、ネットで攻撃的な書き込みが多い人、他人ともめることが多い人**などには、特に高い効果が期待できます。

ステップ1　原因チェック

まずは、あなたが「なぜかこの相手と話すといらいらする」「いつも会話がうまくいかない」と思う人物を1人だけ選び、次の質問について考えてみてください。

●その相手と会話をしている最中に、あなたの内面に、どのようなネガティブな感情がわきあがりますか？

●そのネガティブな感情は、相手のどのような行動、または発言によって引き起こされたのでしょうか？

●そのネガティブな感情は、「この人はそのような行動を取るべきではない」「相手はこちらのことを気にかけるべきだ」といった思考のせいで発生していないでしょうか？

例1

「新製品の提案を上司から厳しく否定されたとき、『そこまで叱責する必要はない』と感じ、それが怒りに変わった。この怒りは、『この提案は正しいはずだ』『上司なら私の意見を尊重すべきだ』という思考のせいで発生したのかもしれない」

例2

「パートナーが薄汚れたシャツを着て外食先に現れたときに、反射的に『まともな服を着ろ』と言ってしまった。彼の行動や外見が周囲よりも劣っていると、ネガティブな感情が生まれる気がする。『他の家庭と比べて差がない生活をすべきだ』と考えているのかもしれない」

ステップ2　期待チェック

ステップ1で選んだ「会話がうまくいかない人物」に対して、あなたが抱いているかもしれない「期待」の内容を考えて、思いつく限りリストアップしましょう。できれば、そのような期待を、あなたが持つようになった理由も考えてみてください。

例1：推測される期待「私は仕事を完璧にこなすべきだ」「できるリーダーは、部下に優しくフィードバックすべきだ」「上司の期待に添うにはハードに働くべきだ」「上司の期待を超えた成果を出すべきだ」

期待を持った理由「新卒で入った会社が成功と出世を重要視し、完璧主義や過労を奨励する文化だったので、いつのまにかそれに合わせようとしていたかもしれない。また、過去にいまの会社で成果をあげたところ、上司がいつも以上に喜んだのも『期待』を強化する一因だったような気がする」

例2：推測される期待「最後は私が家事や育児をやらねばならない」「周囲と比べてかけ離れていない行動をすべきだ」「夫は妻に愛情を持つのが当然だ」

期待を持った理由「自分に自信がないため、昔から他者に頼りたいという気持ちや、周囲に合わせたい気持ちが強く、それが『期待』を生んでいるかもしれない」

ステップ3　事情チェック

今度は、あなたと「会話がうまくいかない人物」が、あなたの「期待」に反した行動を取る理由も考えてリストアップしましょう。その人物の性格、その人物が過去に味わったかもしれない体験などを参考に、相手があなたの期待に添わない行動をする事情を考えてみてください。このときには、できるだけ事実にもとづいて事情を考えるほうが良いですが、あなたの推測だけをベースにしても構いません。

例

「上司はいまプロジェクトのことで頭がいっぱいなので、こちらの話を聞く余裕がなかった可能性がある」

「彼氏は服に無頓着な性格で、細かいことを気にしないところが魅力でもある。無理に治すのも良くないかもしれない」

ステップ4　期待調整

最後のステップでは、ここまでのワークをふまえて、「会話がうまくいかない人物」へ実際に話しかけてみましょう。その相手と次に会話をする機会があったら、コミュニケーションを始める前に、ステップ3で考えた「相手の事情」に目を通しながら、次の事実を自分に言い聞かせます。

「ここに書かれた相手の事情を変えることはできないし、相手がどのように振る舞っても構わないし、相手がそのように感じる権利がある」

このフレーズは声に出してみても良いし、頭のなかだけでくり返してもOKです。会話の最中は必ず自分の感情に意識を向け、相手に対して嫌な気持ちを抱いていないかどうかをモニタリングしましょう。**もしネガティブな感情に気づいたら、「相手の事情」を思い出してください。**これによって会話中に相手への期待が調整され、威圧的な会話が発動しづらくなります。

▼オプションワーク5　相手の言葉を聞けるようになる【333法】

人格性が低い人の特徴のひとつに、**「他人の言葉から意識がそれやすい」**というものがあります。会話のあいだに注意力が途切れて、相手の話に集中し続けられなくなってしまうような状況です。その原因は人によって異なりますが、多くの場合は、3つの要因が影響します。

1　**物理的な要因：**赤ちゃんの泣き声、鳥の声、隣席の話し声、エアコンの作動音といった環境要因によって会話に集中できなくなるパターンです。

2　**生理的な要因：**後頭部の痛み、首のかゆみ、鼻づまりなど、自身の身体の不調へ意識が向かい、コミュニケーションから気がそれるパターンです。

3　**意味的な要因：**相手の話が退屈だったり、話題が複雑すぎて筋を終えなかったり、会話中に別のことを考えてしまったりなどの要因で、気がそれてしまうパターンです。

これらの要因に弱いと、当然ながら人格性の評価は下がります。「なんだか首がかゆい」「車の音がうるさい」などと、会話の最中にいちいち気をそらしていたら、相手の言葉をまともに聞くことができず、それでは好感度など高まりようがありません。

しかし、残念ながら、人格性が低い人のなかには、これらの要因に弱い人が一定の割合でいます。その理由はさまざまで、自己本位な性格のせいで他人の話に興味を持てなかったり、自分の発言ばかりが気になって相手の言葉が耳に入らなかったりと、複数の原因によってコミュニケーションから意識がそれてしまいます。

　このような問題がある人は、コミュニケーションの前になんらかの対策を講じるか、普段の生活で意識的にトレーニングを重ね、会話への集中力を取り戻さねばなりません。

　そこで最も使いやすいのが「333法」です。心理療法の世界で「急な不安」「強い緊張感」「パニック状態」などの対策に使われてきたメソッドで、**集中力の乱れを整える効果が大きく、乱れた意識を目の前のコミュニケーションに引き戻してくれます。**誰かと対話を始める前に、次のステップを実践してみてください。

ステップ1　目に見える3つのものを意識する

　まずは周囲を見まわして、適当な物体を3つピックアップします。ビル、樹木、雲など、目に見えるものならなんでも構いません。

　もし会話の前に不安や緊張を感じていたとしても、その感情は無視して、とりあえず選んだ3つの物体を数秒だけ観察しましょう。「ビルの壁が汚れている」「木の表面のシワがすごい」「雲の形が犬に似ている」といったように、物体の特徴を言葉にしてみるとやりやすいはずです。

ステップ2　耳に入る3つの音を意識する

3つの物体を観察したら、次は「音」に意識を切り替えます。時計の音、隣席の会話、風の音など、あなたの周囲で聞こえる音を3つ選んでください。

あとはさっきと同じ要領で、3つの音を数秒ずつ観察しましょう。「時計の音が思ったより大きい」とか「風の音がCMのメロディに近い」といったように、音の特徴を言い表してみるのがこつです。

ステップ3　触れるもの、動かせるものを意識する

最後に、あなたが触ったり動かしたりできる物体を3つ選んでください。スマホ、時計、自分の指、自分の脚など、あなたの手が届く範囲にあるものを好きに選びましょう。

そこからはステップ1と同じで、会話の前に感じる不安や緊張はそのままに、3つの物体に触れながら観察を進めてください。「親指の第一関節は、他の指の関節よりも曲げづらい」「スマホの裏側が意外とざらついている」など、ここでもあなたが気づいた物体の特徴を言葉にします。

全体で20秒もかからないテクニックですが、実際に試してみると、直後から相手に対する緊張が減ったり、会話への集中力が戻ったりと、なんらかの変化を実感できるはずです。これだけで完全に相手に集中できるとは言わないものの、会話から気がそれやすい人にとっては、一時的に集中力を取り戻すための有効なツールとなるでしょう。

また、このトレーニングは、**何度もくり返すことにより、会話の集中力を鍛える効果**もあります。最初のうちは会話の前にメンタルを整えるために使いつつ、慣れたら集中力のトレーニングとして使ってみるのもおすすめです。

第4章

上級編「カリスマを創る」

カリスマ性とは、

他者と純粋につながることができる能力を意味する。

オリビア・フォックス・カバン

（スタンフォード大学〈スタートX〉元責任者）

カリスマ性は創り出せる

ここまでのワークで、私たちは「人としての魅力」の土台を築いてきました。真正性、有能性、人格性という3つの要素から、**自分に足りないものをひとつ伸ばすだけでも、あなたのコミュ力は大きく改善**します。

そこで、最後に上級編です。この章では、ここまで築いた土台の上に、さらなるカリスマ性を積み上げる作業を行います。1〜3章のワークをベースにしつつ、あなたの魅力度をさらに高めるのが本章のゴールです。

簡単におさらいすると、心理学におけるカリスマ性とは、他者に対して大きな影響をもたらす人のことでした。出会った人たちを魅了し、仲間になりたいと思わせ、すべての発言に賛同したくなるような吸引力を持つ人物です。

アムステルダム自由大学の実験では、周囲からカリスマと呼ばれる人物の講演を見た被験者は、普通のスピーチを見たグループよりも、恵まれない人に多額の寄付をするようになりました（1）。マネジメント研究で有名なロバート・ハウスらの研究でも、カリスマ性が高い人物は、自信、粘り強さ、決断力、情熱に満ち、それが周囲の人々に刺激を与え、人生をより良い方向に変える力を持つと報告しています（2）。

もちろん、これだけの魅力を手にするのは容易ではありませんが、幸いにも近年では、複数の研究者が改善案を提案し、その効果が実証され始めています。

代表的なのはローザンヌ大学のジョン・アントナキスによるもので、研究チームは、過去に行われた心理学の研究をベースに、カリスマ性が高いリーダーが持つ特性を選び、これをもとに「カリスマ的リーダーシップ戦術（CLT）」という訓練プログラムを作成。これを、約90人のMBA学生に指導しました（3）。

この実験では、カリスマ性を「他人に影響をおよぼせる能力の高さ」と定義しています。部下を励まして仕事のモチベーションを高めたり、スピーチで会社への忠誠心を高めたりと、他人の心を変える能力の大きさを重視したわけです。

トレーニングは3か月にわたって行われ、最終日には、すべての被験者に「聴衆を勇気づけるスピーチを行う」「自分の政治信条を人前で語る」などのタスクが与えられました。その上で聴衆にすべてのスピーチを採点させてみたところ、CLTを実践した被験者には、「影響力がある」「カリスマ性がある」などの評価が集まり、トレーニングの前と比べてスピーチの評価にも60％の改善が見られました。

結果について、研究チームはこう指摘します。

「カリスマ性は生まれつきのものではなく、習得可能なスキルであり、むしろ古代から実践されてきた一連の技術の集合体でもある。このスキルを身につければ、他者のモチベーションをかきたて、目的意識を持たせ、大きなことを成し遂げられる」

カリスマ性を高めるのに斬新なテクニックなどいらず、古代から伝わるコミュニケーションの技術さえ適切に使えれば、誰でもコミュニケーションの達人になれるというわけです。

似た報告は多く、アメリカやインドを含む世界5か国の実験を精査したメタ分析では、カリスマ性トレーニングの効果を「d＝0・52」と見積もりました（4）。この数値は、トレーニングを受けた人の会話のパフォーマンスが、中から大程度のレベルで改善したことを意味し、やはりカリスマ性は後天的に高められることがわかります。

第4章

上級編「カリスマを創る」

そこで本章では、現在までに検証された手法のなかから、特に高い効果が認められたものを選び、実践的なトレーニングとして編み直しました。さらなる高みを目指す人は、本章のワークにも取り組んでみてください。

ただし、くり返しになりますが、1〜3章のワークを飛ばして、**いきなり本章のワークを実践をしても、真のカリスマ性は身につきません。**魅力の土台がないのにカリスマの表面だけをまねしても、「偉そうな人」「他人を操りたい人」「薄っぺらい人」などと思われるリスクが上がるだけです。

確かに、生来のナルシシストやサイコパスのように、生まれ持った自信で人心をたぶらかし、擬似的にカリスマに近いポジションを得る人もいます。しかし、自信の高さだけが先行した偽のカリスマは周囲に敵を作りやすく、やがて対人トラブルを起こして消えてしまうか、裏で孤独にさいなまれるケースがほとんどです。このようなカリスマ性はカルトの教祖や独裁者が持つ特質に近く、本書の目指すところではありません。

定期的に「魅力度テスト」（59ページ）で自分の変化をチェックしつつ、各項目の合計が25点を超えたところから、本章の手法も取り入れてみてください。

▼カリスマ性改善に効果的なマスターワーク【ディープトーク】

カリスマ性の改善に最も効果が大きいのは、「ディープトーク」を使ったワークです。ディープトークは社会心理学の言葉で、**雑談では交わさないような深みのあるテーマを扱った会話**のこと。たとえば、「人生の意味」「死生観」「感情的な体験」などが典型的なテーマです。

通常、初対面のコミュニケーションでは、ほとんどの人は趣味や仕事の話題で親交を深めつつ、少しずつ深いテーマに移るでしょう。まだよく知らない相手に、いきなり重いテーマを切り出す人は少ないはずです。

しかし、カリスマは違います。近年の研究によれば、カリスマ性が高い人ほど「ディープトーク」の量が多く、初対面の相手ともすぐに深いテーマで会話をはじめ、それによって自己の魅力を高めていたのです（5）。

シカゴ大学の実験を見てみましょう（6）。研究チームは、初対面の男女約1800人にペアを組ませ、そのうち半分の被験者に次の指示を出しました。

「この会話では、普段よりも深い質問を相手に投げかけてください。表面的なことや世間話ではなく、感情的なテーマを探るような質問で会話しましょう」

この実験で言う「深い質問」とは、たとえば人生における重要な体験、自分だけの価値観、人生の哲学的な疑問などです。これに対し、ただ雑談をしたグループは、好きなテレビ番組、最近の旅行先、いまの仕事といったトピックで話を進めています。

その後、全部で12回の実験をくり返したところ、すべてにおいて「ディープトーク」の優位性が報告されました。深い会話をしたグループは、雑談だけのグループよりも、「会話を楽しんだ」「相手を魅力的に感じた」と報告する確率が高かったのです。

被験者がどのようなディープトークを交わしたのかを、具体的に見てみましょう。

【トークテーマ「最悪の体験」】

A：人生で一番最悪な体験といえば、何がありますか？

B：うーん、難しい質問ですけど、やっぱり両親の離婚ですね。私はまだ小さかったので、よくわからなかったんです。でも、すごく寂しさを感じたのは覚えています。

A：その体験はいまもひきずっているんですか？

B：高校ぐらいまでは、いろいろ思い返しましたね。でも、いま思えば、この経験のおかげでメンタルは鍛えられました。少しぐらい辛くてもへこたれなくなったと思います。

A：逆境で心が強くなったんですね。

「最悪の体験」は、ディープトークにおける定番トピックのひとつです。この事例では、最悪だった体験について話を進めるうちに、Bさんが「逆境で精神が強くなる」という価値観を持っていることがわかりました。**会話のなかで、個人の価値観や信念をあぶり出すのが、ディープトークを使う第一の目標**です。

このような会話が良いコミュニケーションにつながる理由を、研究チームは次のように推測します。

「人間は極度に社交的な傾向を持つ生物であり、こちらから有意義な話題を共有すれば、相手も有意義なことを返してくれる可能性が高い。これが良いコミュニケーションを生み出す」

ヒトはつながりを求める生き物です。序章でも説明したように、私たちの脳は、原始の厳しい世界を生き抜くために、信頼できる仲間を探すための査定システムを進化させました。このときに、うまく相手を評価するためには、個人の価値観や信念といった、より奥行きのあるデータを入手できたほうが良いのは間違いありません。そのために、人間の脳は、より深い話を交わした相手に信頼を抱くように進化したのです。

少し考えてみるだけでも、雑談しか交わさない相手と深い繋がりができたと思う人はいないでしょう。本当の信頼を育むためには、どこかのタイミングで天気や趣味の話を越えて、お互いの価値観や本音を探り合う必要があります。

以上をふまえ、ディープトークの例をもう少し見てみましょう。

【トークテーマ「一番の情熱」】

C：いま一番情熱があることって何？

D：ひとつには絞れないなぁ。最近は、オンラインコミュニティに参加したり、プログラミングを勉強したり、週末はカフェで読書会を開いたりとか……。いろいろやってるけど、全部楽しいから。

C：すごい！　行動力があるなぁ。

D：行動力というか、いろいろ試したい気持ちが強いんだよね。ひとつの趣味に打ち込むのも、すごいことだと思うんだけど。

C：なるほど。自分の可能性を広げるのが好きってことかな？

D：そうだなぁ。いろいろな知識や考えに触れることで、自分自身が成長しているのを実感するんだよね。

「一番の情熱」も、多くの実験で見られるトークテーマです。こちらの事例では、Dさんの情熱を掘り下げるうちに、「成長を実感したい」という欲求にたどり着きました。相手の深い欲求を引き出すのも、ディープトークの重要な機能です。

こういったやり取りが重要な理由について、研究チームは「深い会話は想起の回数が多い」と指摘します。

ある実験によれば、ディープトークを交わした被験者は、雑談が多かったグループよりも、後から会話の内容を頭のなかで再現していました（1）。重要なテーマを掘り下げた会話のほうが、天気やテレビの話などより印象に残りやすく、会話の後に何度も思い出したくなるのでしょう。その結果、会話の記憶がより強く脳に刻まれ、相手への好感度アップにつながるわけです。

もっとも、だからと言って、知り合って間もない相手にディープトークを切り出すのは無理があるでしょう。気心も知れない相手から「最悪な体験」や「一番の情熱」を尋ねられても、警戒心を抱かれるだけです。

そのため、ディープトークを使うときは、「エイブラハムスの構造」（161ページ）を組みあわせ、雑談から深い質問に移行するのがおすすめです。

【久々にランチで一緒になった同僚との雑談】

E：最近、旅行とか行った？（**事実の質問**）

F：週末に沖縄の旅行に行ったばかりだよ。

E：いいねぇ。なんで沖縄を選んだの？（**意味の質問**）

F：ダイビングだね。2年前から本格的に始めてさ。

E：そうなんだ。おすすめのスポットとかある？（**事例の質問**）

Ｆ：座間味島に古座間味ってビーチがあるんだけど、透明度が高くて良いよ。
Ｅ：なるほど。他にお気に入りのポイントは？（**追加の質問**）
Ｆ：洞窟に入ることもできるんだけど、幻想的な雰囲気で神々しい気分になるね。
Ｅ：なるほど。それじゃあ、いま〝一番情熱があること〟を聞かれたら、「ダイビングで大自然に触れること」って感じかな？
Ｆ：確かに、そんな感じかなぁ。
Ｅ：大自然のどこにそんなに惹かれるんだろうね？（**意味の質問**）

雑談からいくつか質問を重ね、その流れで「一番の情熱」の話題へ移行することができました。話題がディープトークに切り替わった後は、再び「エイブラハムスの構造」を使って会話を進めていきましょう。

ディープトークの定番テーマ10選

参考までに、過去のディープトーク研究で使われた、定番の質問を挙げておきます。深い会話をするのに最適なトピックだけを厳選したため、意識して使えば、あなたの魅力は大きく高まるはずです。

質問は全部で10パターンで、それぞれ具体的な使用例とともに紹介します。より深い会話が発生しやすいテーマほど後に並べたので、実際に使うときは、まず1〜4番の質問から試し、そこから少しずつ後半の話題に進んでください。

テーマ1　本や映画のキャラクターの中で、自分に最も似た人物を選ぶとしたら誰にしますか？　その人を選んだのはなぜですか？

状況：さほど親しくない上司とランチで一緒になった

部下：課長は最近おもしろい本とか読みました？

上司：最近の本はあまり読んでないんだよ。ちょっと前に『モンテ・クリスト伯』を読み直したぐらい。

部下：海外の古典が好きなんですね。古典小説に出てくるキャラクターのなかで、自分に最も似ている人物を選ぶとしたら誰になります？

上司：難しい質問だなぁ。自分に最も似ている人物を考えると、『高慢と偏見』のエリザベス・ベネットとか。

部下：不勉強で申し訳ないんですが、それはどんなキャラクターなんですか？

上司：18世紀末の田舎娘で、親から結婚を期待されてるんだけど、自立心が強くて社会の規範にこだわらない性格なんだよ。金持ちの男が出てきても、嫌なやつだと思ったらはっきり抵抗するしね。

部下：信念が強いキャラクターなんですね。

上司：でも、それだけじゃなくて、納得できないときは理論や証拠を示すところもある。これは自分でも意識しているところだな。

自分に似たキャラクターを掘り下げる質問には、「相手は自分自身をどのような人物だと捉えているか?」「相手はどのような人物を理想にしているのか?」などのポイントを浮かび上がらせる働きがあります。

この例では、自分に似たキャラクターを尋ねたおかげで、「社会の規範にこだわらない」「理論や証拠を重んじる」などの価値観を、上司が持っていることがわかりました。本や映画が好きな相手と話す際には、特に使いやすいトピックです。

テーマ2　いままでもらったプレゼント、または他人にあげたプレゼントのなかで、最高のものは何ですか?

状況：誕生日が近い知り合いと、懇親会で同席した

自分：もうすぐ誕生日なんですね。いままでもらったプレゼントで最高のものは何ですか?

知人：大学の卒業祝いに両親からもらった旅行券は記憶に残っていますね。前から行きたかったヨーロッパ旅行に行けて最高でした。

自分：それだけヨーロッパに行きたかったんですね。

知人：それもあるけど、旅行券ってうれしくないですか？　自分の好きなところを選べる感じが強いというか……。

自分：なるほど。あなたにとっては、決まったものをもらうよりも、選択の自由があるプレゼントのほうがうれしいんですね。

知人：それはありますね。

プレゼントの好みには個人の欲求が反映されやすく、そのぶんだけ、深い会話が生まれやすくなります。この例では、知人が「ものごとを自由に選びたい」という欲求を持っていことがわかりました。クリスマスや誕生日など、プレゼントの話題が出やすい状況で使ってみてください。

テーマ3　これからの人生で一種類の食事しかできないとしたら何を選びますか？

状況：久しぶりに会った旧友とディナーを食べた
自分：これからの人生で、一種類の食事しかできないとしたら何を選ぶ？
旧友：えっ、毎日同じものしか食べられないの？　それならピザかなぁ。
自分：ピザなんだ。なんで？
旧友：ピザっていろいろトッピングできるから、味を変えられるじゃない。それなら飽きずに済みそう。
自分：とにかく飽きるのが嫌なんだ。
旧友：一種類だけしか食べられないんだから当たり前でしょ。

好きな食べ物の話題は雑談の定番ですが、「一生に一種類だけ」まで絞り込むことで、深い会話に発展しやすくなります。
この例では、「飽きるのが嫌だ」という旧友の性向が浮かび上がりましたが、人によっては「妻の手料理」や「近所のカレー屋」のように、個人の記憶と結びついた食事を答えてくるケースもよくあります。このような回答に対しては、「その料理を好きな理由は？」などの質問を続け、さらに相手の人生観を深掘りしてください。

テーマ4　あなたのロールモデルは誰ですか？

状況：会社の懇親会で知り合った人物との仲を深めたい

自分：初対面の人に必ず聞いている質問があるんですけど、ロールモデルにしている人とかいます？

相手：ロールモデルはたくさんいますが、特に尊敬しているのはファインマンかなぁ。

自分：ファインマンは……有名な学者でしたっけ？　どんなところが尊敬できますか？

相手：ノーベル物理学賞を取った学者ですね。頭が良い人であるのはもちろんですけど、金庫破りが好きだったり、絵画を学んでみたりして、多趣味だったところがいいですね。

自分：興味の幅が広い人だったんですね。そこは自分でも意識されているんですか？

相手：仕事ばかりしていると趣味がせまくなるので、日ごろから気をつけてます。

ロールモデルには個人の理想が反映されやすいため、この質問は、相手の深い願望を掘り出すのに最適です。右の例で言えば、話し相手のロールモデルを掘り下げたおかげで、「多趣味」というキーワードが浮かび上がりました。

ロールモデルの対象としては、過去の偉人だけでなく、フィクションのキャラクターや親戚の名前が挙がることもよくあります。そのような場合でも、「尊敬する点はどこですか？」と質問を続けて、相手の価値観を深掘りしてください。

テーマ5　あなたが学びたいこと、もっと上手になりたいことは何ですか？

状況：読書サークルで知り合った人と雑談になった

自分：もっと学んでみたいこととか、うまくなりたいことってありますか？

相手：最近はプログラミングのスキルを磨きたいんですよ。

自分：プログラミングのどこに興味を持っているんですか？

相手：なんだろう。新しいアプリを作ってみたいのもありますけど、プログラミングのスキルを身につけると、論理的な考え方が身につきそうじゃないですか？

自分：そうですね。論理的に頭をすごく使うイメージがあります。

相手：この能力があると、読書にも役立つと思うんですよね。

先行研究によると、カリスマ性が高い人ほど、「学習」や「上達」に焦点を当てた質問をよく使うことがわかっています（7）。このような質問は、多くの人に、自分の欲求について考えさせる働きがあるからです。

右の例では、話の相手が「論理性」を重んじている事実がわかりました。ここから「論理性を身につけたいのか？」といった質問を重ねれば、さらに深い価値観を探りやすくなるでしょう。

テーマ6　あなたが最も情熱を注いでいることは何ですか？

状況：仕事の休憩中に親しくない上司と雑談になった

自分：いきなりですけど、最も情熱を注いでいることって何かありますか？
上司：なんだろうなぁ。いまのプロジェクトは楽しくやらせてもらってるけど。
自分：参考にしたいので、いまのプロジェクトの、どのあたりに楽しさを感じているかを教えてくれませんか？
上司：いまのプロジェクトは自分の裁量が大きいからね。ノルマの量を「自分の限界の少し上」ぐらいに設定すると、目標を達成した感じが出て良いんだよ。
自分：仕事の難易度をコントロールして、情熱を生んでいるってことですか？
上司：そんな感じだな。達成感がないとやる気も出ないだろ？

先にも見たとおり、「一番の情熱」はディープトークの定番テーマです。自分の好きなことについて話すと、大抵の人は気分が高揚し、深い対話が発生しやすくなります。
右の例では、情熱について会話を進めた結果、上司が「達成感のコントロール」を重視していることがわかりました。ここから「仕事の難易度を調整するポイントは？」「仕事以外に何か達成感を得ているものは？」などの質問を重ねれば、さらに話は深まっていきます。

テーマ7　いままでで一番恥ずかしかったことは何ですか？

状況：社内カフェで出くわした同僚と雑談が始まった

自分：これ、いろんな人に聞いてるんだけど、人生で一番恥ずかしかったことって何かある？

同僚：恥ずかしいといえば3年前のプレゼンだなぁ。自分がリーダーだったプロジェクトで、大事なプレゼンのスピーチが飛んじゃって。

自分：それは焦るな……どうやって乗り切ったの？

同僚：それが、乗り切れなかったんだよ。何も言葉が出ないのを見かねて、部下がプレゼンを引き取ってくれてさ。あれは完全に自信を失ったなぁ。

自分：一番自信を失ったのはどのタイミングだった？

同僚：部下が優しくて、何も責めずになぐさめてくれたとこかな。それ以来、プレゼンの練習は、必ず部下の前でやるようにしているよ。

「恥の体験」もディープトークにおける定番テーマのひとつ。恥の感情は価値観と結びつきやすいため、深い会話になる傾向があります。

右の例では、同僚の過去の失敗を掘り下げることで、「責められないほうが辛い」「練習の大事さを知った」などの、より本質的なトピックが浮かび上がりました。ここから「責められないほうが自信を失うのはなぜ？」「練習で心がけていることは？」といった質問を続けると、さらに会話が深まります。

テーマ8　人生で最も誇りに思うことは何ですか？

状況：自分が尊敬する人物と会話をする機会に恵まれた

自分：先生が人生で最も誇りに思うことは何ですか？

先生：やはり、長年研究してきた分野でブレイクスルーを起こしたところだね。従来の太陽電池をさらに効率的にできたんですよ。

自分：確かにすごいです。その発見で、最も誇らしかったのはどこですか？

先生：この発明が普及すれば、エネルギー問題の解決に大きく貢献できますし、環境汚染の削減にもつながります。人々の生活を大きく変える可能性がありますから。

自分：社会貢献ができたところに誇りを抱いてるんですね。

先生：そうですね。

「誇り」に関する会話には、お互いの人生観が浮かび上がりやすい性質があります。たとえば、相手が「2人の子どもを育て上げたことが誇り」と答えたら、その人は「他者に愛を与えたい」「誰かに奉仕したい」という人生観を持っているのでしょう。「空手で黒帯を取ったことが誇り」と答えた場合は、「自分を成長させたい」という価値観が根底にあるのかもしれません。

右の例では、誇りについて尋ねたことで、「社会貢献」という人生観があきらかになりました。この後は、「最も社会貢献ができたと感じる瞬間は？」と深掘りしても良いし、「プライベートで誇りに思ったことは？」のように、少しずらした質問を投げてみるのも有効です。

テーマ9 死についてどう思いますか？

状況：疎遠だった友人と久々に飲んだ際の会話
自分：ちょっと重い話題だけど、自分の死について考えることはある？
友人：死んだらどうなるかは考えたことはあるよ。でも、正直、よくわからないな。
自分：そうだね。誰にもわからないことだから、不安になるよね。
友人：不安に思うだけじゃ何も解決しないから、宗教とかアートがあったりするんだろうなぁ。
自分：それはある。死は避けられないから、新たな意味を考える機会になるね。

死は誰にも避けられないテーマなので、私たちが持つ人生への姿勢が表れやすい性質があります。この例では、死について話すことで、宗教やアートの存在意義へと会話が発展しました。他にも、「人生の短さ」「死の恐怖」「尊厳死の問題」など、哲学的な話題が生まれやすいのが、この質問の特徴です。

テーマ10　他人からもらった人生のアドバイスで一番良かったものは何ですか？

状況：マグネットスペースで上司と会話が始まった

自分：他人からもらった人生のアドバイスで一番良かったものってありますか？

上司：いろいろあるけど、一番心に響いたのは、昔の上司から言われた「最初から完璧なイメージを持つな」だな。

自分：ちょっと意外なアドバイスですね。どういう意味があるんでしょうか？

上司：その人が言うには、最初からゴールが決まった道を歩むのは無理だから、小さく計画を進めるうちに可能性を広げればいいというんだな。

自分：なるほど。完璧を目指さないほうが良いってことですかね。

上司：そんな感じかな。自分の経験でも「これはどうなるんだろう」と悩むようなことのほうが良い結果が出ることが多いよ。

こちらも相手の人生観を引き出す効果が大きい質問です。たとえば、ここで「人間は学び続けるべきだ」と答えた人は、「勤勉さ」「自己の成長」「知識を得る」などの価値観を大切にしているでしょうし、「相手を許すべきだ」と答えた人は「慈悲の心」「赦しの気持ち」などの信条を大事にしているはずです。

相手が重要に思うアドバイスの裏には、深い人生観が隠されているもの。目上の人や立場が上の人間に使うと、より効果的な質問です。

▼オプションワーク1 ストーリーテリング力を養う【フライタークのピラミッド】

カリスマ性が高い人たちは、**例外なく一流のストーリーテラーです。**

「私には夢がある」の名スピーチで、公民権運動の歴史を変えたキング牧師。Ａｐｐｌｅ創業の物語でスタンフォードの卒業生を魅了したスティーブ・ジョブズ。少し考えただけでも、ストーリーに習熟した偉人の例はいくつも思いつきます。よくできた物語はメッセージをより魅力的にし、話者と聴衆がつながった感覚をもたらすため、カリスマとストーリーテリングは切っても切り離せません。

その影響力は現代でも変わらず、小説家、アーティスト、芸人の世界でも、熟練したストーリーテラーほど成功率が高いことがわかってきました。一例として、２３６人のアーティストを調べたノーサンプトン大学の調査では、ストーリーを語るのがうまい者ほど社会的な地位が高く、成功していないアーティストよりも性的パートナーの数が多い傾向まであったそうです（8）。

研究チームが集めた事例のなかから、わかりやすいものを紹介しましょう。アート業界で働くあるマネージャーは、資金難に陥ったプロジェクトのメンバーたちへ、次のようなストーリーを語りました。

「いまの厳しい状況を見ていると、数年前に、仲間とアイガー山に登ったときの体験を思い出します。このときの山は最悪の悪天候で、吹きすさぶ嵐のなかで、いつ死んでもおかしくない状況でした。しかし、ここでチーム全員で協力をし、『生き残れるかどうか？』という疑問はいったん棚に上げ、その場の1秒1秒をどうにかやり過ごすように目標を切り替えました。そのおかげで、なんとか生き延びることができました。今日、私たちは資金不足という嵐のなかにいますが、みんなで力を合わせて毎秒ごとにすべきことだけにフォーカスすれば、登山と同じように状況を好転させられるはずです」

単純なストーリーではあるものの、スピーチの直後から部下たちの結束が強まり、無事にプロジェクトを遂行できたというから物語の力はあなどれません。

フライタークのピラミッド

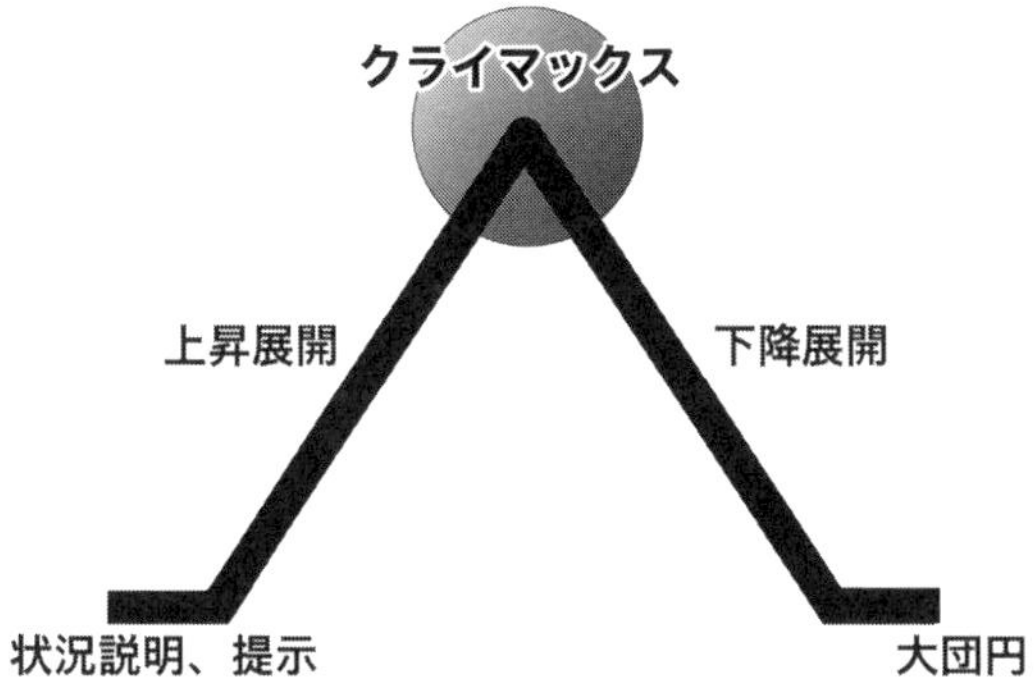

同じような現象は、原始的な社会にも見られます。人類学者のダニエル・スミスらは、2017年にフィリピンのアグタ族へインタビューを重ね、「原始に近い社会では、どのような人物が仲間からの評価を集めやすいのか？」という疑問について調べました（9）。

結果、アグタ族で最も人気が高かったのは「語り部」でした。腕利きのハンターや道具の使い方に詳しい人間よりも、部族に伝わる神話や死後の世界をうまく語れる者ほど将来の伴侶に選ばれやすく、他人から分け与えられる食糧の量も多かったのです。ストーリーテラーが好かれるのは、すべての文化に共通する現象だと思われます。

ストーリーテリングを学ぶ方法はいくつもありますが、**最も手をつけやすいのは、あらかじめ定**

番の物語パターンを押さえておくやり方でしょう。特定のパターンを知っておけば、日常の会話でも少しずつストーリーテリングを試すことができます。

定番の物語パターンは何種類もあるものの、ここでは最も代表的な「フライタークのピラミッド」を取り上げます。現時点で最もデータの裏づけがあり、他人に影響を与える効果が大きいと考えられるからです。

「フライタークのピラミッド」は、19世紀ドイツの劇作家、グスタフ・フライタークが提唱した物語のパターンで、あらゆるストーリーを5つのパートに分類し、それぞれが持つ機能を考えていきます。

もともとは演劇の構造を分析するために生まれたフレームワークですが、あらゆる物語に当てはまる古典的な理論としていまでも使われ、現代の小説や映画でも「フライタークのピラミッド」が使われた作品を見かけます。

近年は効果の検証も進み、なかでも有名なのは、2014年にミサイア大学などが行った調査です。研究チームは、アメリカで作られた108本のCMを選び、作品ごとの視聴率と消費者の好感度のデータと比較。どの作品の影響力が最も大きいのかを調べ、次のように報告しました(10)。

- **消費者の評価が高いCMほど、「フライタークのピラミッド」を使っていた。**
- **5幕構成を使った作品は、そうでない作品より消費者からの好感度が40％高かった。**

調査の対象になったCMの内容に共通点はなく、商品の種類、映像表現、出演俳優などはばらばらでした。それにもかかわらず、「フライタークのピラミッド」を使うだけで、作品の魅力度に40％もの違いが出たのだから驚きです。構成を変えるだけで話の影響力が上がるのなら、試す価値は十分にあるでしょう。

それでは、「フライタークのピラミッド」の使い方を紹介します。

フライタークのピラミッドの実践方法

第1幕　説明

まずは、あなたの話に出てくる人物をすべて紹介し、物語が展開する時間と舞台を説明します。また、これに加えて、過去の出来事や状況を説明し、その人物がどのような問題に立ち向かおうとしているのかをあきらかにしていきましょう。

敵役の設定は、主人公と対立する人間でも良いし、「事故」「病気」「主人公の目標」のような、人間以外の現象でも構いません。主人公と敵役の関係性をはっきりさせ、物語を動かし始めるのが第1幕の目的です。

例1：「私はIT企業に勤める20代の男です。1年前、新しい体重計を開発するプロジェクトのリーダーを初めて任されました。リーダーとしての経験はありませんでしたが、どうにかメンバーがまとまるように日々努力していました」

解説：この事例では、まずビジネスパーソンである主人公と、チームのメンバーを登場人物として紹介し、「新しいプロジェクト」を敵役に設定しています。

例2：「お恥ずかしながら、3年前にSNSで別人になりすまして、偽の情報を発信をしていたことがあるんです。海外から帰国した音楽家の設定で、気に食わないユーザーを罵倒してストレスを解消していたら、少し注目されて止められなくなりました。そんなある日、一部のユーザーが、私の投稿が作り話ではないかと指摘してきたんです」

解説：こちらのストーリーでは、まずは主人公がSNSで悪事を働く様子を描写し、そのアンチユーザーを敵役に配しています。

第2幕　悪化

次のシーンでは、主人公の身にさらなるトラブルが起き、物語はさらに緊張感を高めていきます。主人公を追い込むことで、聞き手に「どうなってしまうのか？」と思わせるのが第2幕の役割です。

例1：「ある日、体重計の主要チップを製造するメーカーから、納期の遅れが伝えられ、プロジェクトのスケジュールが大幅に遅れることになったんです。すぐにメーカーと交渉を重ねたものの、チップの納期を早めることはできませんでした」

解説：プロジェクトに追加で問題が起きたのを描写するのが、第2幕の焦点になります。この段階では、主人公の身に起きたトラブルを強調し、絶望的なムードを漂わせるのがポイントです。

例2：「アンチから『音楽家の証拠を出せ』と言われたので、友人の家にあったバイオリンと楽譜を適当に撮影してアップしました。私の友人は本当にバイオリニストで、ネットに書き込んだエピソードも、すべて彼から聞いた話をもとにしていたんです」

解説：事態を取りつくろおうとした主人公が、小手先の対策で事態を悪化させます。

第2幕では、ラストに向けていかに不穏な状況を作り出せるかが、ストーリーの強度を増すための鍵となります。

第3幕　山場

ストーリーの中盤では、主人公と敵役の対立が深刻化し、緊張がクライマックスに達します。ここからの展開は、ストーリーの種類によって以下のように変化させましょう。

- 話のラストが〝ハッピーエンド〟のときは、主人公にとって〝悪いこと〟が起きる。
- 話のラストが〝バッドエンド〟のときは、主人公にとって〝良いこと〟が起きる。

物語が主人公の勝利で終わる場合は、第3幕でさらに状況を悪化させ、聞き手の興味をさらに煽ります。逆に悲劇的なエンディングに向かうときは、いったんここで緊張をゆるめるのが第3幕の目的です。

例1：「そこで私は、チームメンバーにプロジェクトの再計画を指示し、他の作業の締切を短縮させました。すると、逆に疲労のせいでみんながやる気を失い、私を無視する者も現れました。もはや、プロジェクトの停止はまぬかれないとも思いました」

解説：このストーリーでは、クライマックスの緊張を高めるため、さらに大きなトラブルを用意して主人公を追い込んでいます。

例2：「友人の職場を撮影した写真を何度か投稿するうちに、アンチの攻撃はやわらぎました。本物の音楽家の写真を使ったので、やはり説得力があったようです。友人はまったくSNSをやらないので、私の行為には気づいていないようでした」

解説：このストーリーでは、第3幕で主人公の問題が解決に向かったように見せかけ、いったん緊張感を解放することで、クライマックスの効果を高めます。

第4幕　逆転

ここでは、第3幕の展開を裏切るような事態を起こし、物語をクライマックスに進めていきます。第5幕がハッピーエンドで終わる場合は、第4幕で主人公は敵に勝って望みを達成します。逆に第5幕がバッドエンドなら、ここで主人公は敵に負けてすべてを失います。

例1：「プロジェクトの打ち切りが迫ったある日、私は目標の一部を変更することを思いつきます。プロジェクトの目標を、『なんでも測れる体重計』の開発から、スマートフォンとの連携機能に焦点をしぼるよう提案したのです。最初は反対されましたが、どうにかみんな変更を受け入れてくれました」

解説：主人公の機転によりピンチを乗り越え、ストーリーをハッピーエンドに向けて動かします。このシーンは、第3幕よりも端的にまとめたほうが、聞き手に与えるインパクトが大きくなります。

例2：「以前と同じ日常が戻ったある日、また事件が起きました。私が投稿したバイオリンの写真に、実は友人の顔が映り込んでいたことに、あるユーザーが気づいたんです。そのせいで、友人がネットで罵倒されるようになったんです。すると、これに友人の奥さんが気づき、すぐに私の行いがバレてしまいました」

解説：主人公にとって最悪の事態が発生し、第3幕の展開が覆されました。ここでどれだけ悪いことが起きるかで、エンディングの印象がさらに強まります。

第5幕 終幕

第5幕ではすべての戦いが終わり、主人公がどうなったかが提示されます。ラストがハッピーエンドなら、主人公は第1幕よりも幸せになりますが、バッドエンドの場合は事態が最初よりも悪くなったところで終わります。

例1：「おかげでプロジェクトは予定どおりに完成しました。機能を限定した体重計は、使いやすさが評価され、市場では存外の好評を博しています。プロジェクトを成功に導いたことで、私も大きな自信を得ました」

解説：最後に、主人公が得たものを述べて物語は終了です。第5幕はまとめのシーンなので、そこまで詳しい描写はいりません。長く語らず、さっと終わらせまし

フライタークのピラミッドを用いた話法（例1）

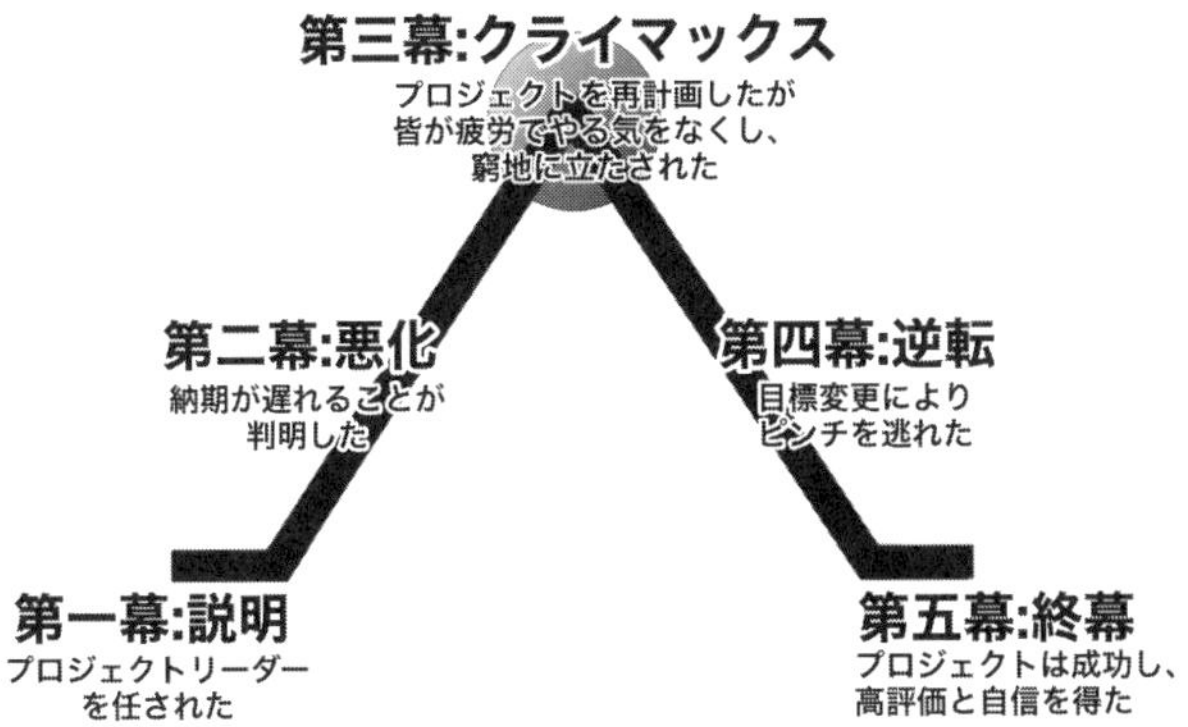
第三幕：クライマックス
プロジェクトを再計画したが
皆が疲労でやる気をなくし、
窮地に立たされた
第二幕：悪化
納期が遅れることが
判明した
第四幕：逆転
目標変更により
ピンチを逃れた
第一幕：説明
プロジェクトリーダー
を任された
第五幕：終幕
プロジェクトは成功し、
高評価と自信を得た

よう。

例2：「怒り狂った友人は、私に真実を明かした上でアカウントを削除するように言ってきました。もちろん彼の指示に従いましたが、私の行いは周囲に知れわたり、いまでは誰も連絡を取ってくれなくなりました」

解説：悪事の報いを受けた主人公が、すべてを失ったところでストーリーが終わりました。主人公が悪い人間だった場合は、第5幕で主人公の境遇が悪化すればするほど、物語としての魅力は高くなります。

「フライタークのピラミッド」の使い方は以上で

す。この5幕構成は、昔から複数の作品で使われてきたものであり、それだけに大きな効果を持ちます。プレゼンやスピーチ、交渉、自己紹介など、誰かに重要なメッセージを伝えたい場面では、ぜひ「フライタークのピラミッドに落とし込めないか？」と考えてみてください。

▼オプションワーク2　カリスマの話し方が身につく【5大カリスマ話法】

社会心理学の研究が進んだおかげで、カリスマのコミュニケーションには、いくつかの共通点があることがわかってきました。「この話し方さえすれば、カリスマ的な魅力が身につく」といった都合の良い話術は存在しないものの、同じような話し方を再現することなら、私たちでも可能です。

そこで本項では、カリスマたちが使う複数の話法から、なかでも効果が高いトップ5をピックアップし、使用する際の難易度が低い順から紹介してます。

いずれも複数の研究で効果が認められた手法であり、どれかひとつを会話に取り入れるだけでも、あなたのメッセージは格段に影響力が上がります。「フライタークのピラミッド」（267ページ）や「ディープトーク」（246ページ）との相性も良いので、組みあわせて使ってみてください。

ただし、以下に取り上げる話法は、〝人としての魅力〟の土台がなければ効果が出にくい点には注意してください。

これらのテクニックは料理における薬味のようなもので、魅力が低い人物が使っても違和感しか生みません。1〜3章から自分に適したワークを選び、最低でも8週間は実践したうえで使いましょう。

難易度レベル1：3パートリスト

3パートリストとは、メッセージの内容を3つに限って伝える手法のこと。「黒字化に必要なことは3つあります」「いま行動を起こすべき理由は3つです」といったように、メッセージの要点を3つに絞り込むのが基本的な使い方です。

世界中の脚本家やスピーチライターが使う定番の手法であり、最も有名な例は、紀元前47年にユリウス・カエサルが記した「来た、見た、勝った」でしょう。プレゼンでもよく使われる技法なので、誰でも一度は見たことがあるはずです。

この手法を使うためのポイントは、あなたの主張の要点を3つにわけることだけです。「他にも大事な点があるけど……」「本当は2つのポイントで十分だけど……」などと悩まずに、強引にでも良いので、メッセージを3つに分割してください。

例「私たちは市場で最高の製品を作り、最高のチームを持っているのに、販売目標を達成できなかった。しかし、3つのポイントを押さえれば、この状況を好転させられます。そのポイントとは、**①まず何が正しかったのかを振り返ること。②次にどこが間違っていたのかを確認すること。③最後に取締役会を納得させる計画を立てること**です」

3パートリストの効果が高いのは、私たちの脳が、一度に3つ以上の要素を処理するのが苦手だからです。近年の調査でも、「大半の人は3〜5つまでの項目しか覚えられない」という事実があきらかにされており、一度に6つ以上のポイントをふくむメッセージは、ほぼ頭から抜け落ちてしまいます(11)。

また、3パートリストは、誰かにアドバイスを求められたときにも使えます。

C：Dさんは会話がうまいですよね。何か秘訣でもあるんですか？
D：そうだなぁ。実はコミュニケーションが下手な人には、**3つの大事なポイントが欠けていてね。**
C：3つのポイント……なんだろう。
D：**1つめは「嘘が多い」、2つめは「感情が幼い」、3つめは「性格が悪い」だね。**
C：えっ、それってどういうことでしょうか。
D：じゃあ、それぞれのポイントを、もう少し詳しく説明するね。

この例では、アドバイスを求めてきた相手へ、「コミュニケーションが下手な人に足りない3つのポイント」を提示しました。これによって、要点が記憶に残りやすくなるだけでなく、それぞれのポイントへの好奇心もかき立てることができます。

ちなみに、この話法の応用編としては、1997年に当時イギリスの首相だったトニー・ブレアが労働党大会で行ったスピーチも有名です。

「政府における優先事項は3つしかない。教育、教育、教育だ」

3パートリストの形式を逆手に取り、同じ言葉をくり返すパターンです。安易に使うと安っぽい印象になりますが、ひとつのポイントだけ強調したいときには有効な手法です。

難易度レベル2：レトリカル・クエスチョン

レトリカル・クエスチョンは、「差別に賛成する人などいるだろうか？」のように、**質問の形で聞き手にメッセージを伝える手法**のこと。相手に質問したふりをしつつ、実際には「差別は良くない」という主張を強調したわけです。

最も有名なのは、Ａｐｐｌｅ創業者のスティーブ・ジョブズが、ペプシコーラの社長だったジョン・スカリーをヘッドハンティングしたときのフレーズでしょう。

「このまま一生、砂糖水を売り続けるつもりか？　それとも世界を変えてみようと思わないか？」

実際にはコーラの販売も有意義なビジネスですが、「世界を変えたいか？」と言われれば、つい首を縦に振ってしまうのが事業家というものでしょう。あまりに連発すると陳腐になりがちなので注意が必要ですが、カリスマ性のあるリーダーほどレトリカル・

クエスチョンを好むのは間違いなく、特に政治家のスピーチでよく使われます。

●バラク・オバマによる2014年スピーチ

「アメリカとは、普通の労働者たちが、法律によって守られないような、偽善的なシステムを容認する国ですか？　アメリカとは、両親の手から子どもたちを冷酷に引き離す国ですか？　それともアメリカとは、家族を大切にし、家族が一緒にいられるように行動する国ですか？」

●ロナルド・レーガンによる1980年の演説

「カーター政権の記録を見て、『よくやった』と言える人がいるだろうか？　カーター政権の初期と現在の経済を比べて、『よくやった』と言える人がいるだろうか？　世界におけるアメリカの地位が低下している現状を見て、『あと4年もこの状態を続けよう』と言える人がいるだろうか？」

どちらの事例でも、レトリカル・クエスチョンを3回ずつくり返し、国民の危機感に火を着けることに成功しています。「偽善を容認するのか？」「経済の低迷を許せる

カリスマが使うレトリカル・クエスチョン

アメリカとは、
両親の手から子どもたちを
冷酷に引き離す国ですか？

© Danny Raustadt | Dreamstime.com

バラク・オバマ元米大統領
（2009～2017年）

カーター政権の初期と
現在の経済を比べて、
「よくやった」と言える
人がいるだろうか？

ロナルド・レーガン元米大統領
（1981～1989年）

© Laurence Agron | Dreamstime.com

か？」といった質問に「イエス」と答える人はいないため、そのおかげでメッセージの強度が高まるわけです。

より一般的な例として、あるマネージャーが、大きなミスをして落ち込む部下にレトリカル・クエスチョンを使った例も見ておきましょう。

上司：そんなに落ち込まなくても良いだろう。

部下：そうはいきません。大事なデータを消してクライアントに迷惑までかけて、もう誰にも顔向けできません。

上司：そう言っても、このまま落ち込み続けるわけにもいかないよ。**このまま会社に戻って自分のミスを反省し続けたい？ 悲しい気持ちのままオフィスに戻りたいの？**

部下：そんなことは、ありませんけど。

上司：それじゃあ何とかしないとね。**落ち込んだままより、オフィスに戻って何かをやりとげたいと思わない？**

部下：そう……思います。

どんな真面目な人でも、自分のミスを延々と反省し続けたいはずがありません。そこでレトリカル・クエスチョンを使うと、部下の頭には「落ち込み続けても意味がない」という思考が反射的に浮かび、通常よりも仕事のモチベーションを取り戻しやすくなるのです。

ただし、レトリカル・クエスチョンは、使いすぎると押し付けがましくなるリスクもあるので注意してください。あくまで重要なポイントを強調したいときにだけ使いましょう。

難易度レベル3：倫理に訴える

「倫理に訴える」は、自分たちの思考と行動が、**道徳的に正しいことを強調する手法**です。わかりやすい例としては、イギリスの元首相ウィンストン・チャーチルが、第二次世界大戦下で行ったスピーチが最も有名でしょう。

「これはイギリス国家全体の勝利だ。我々は、この古代より続く島で、暴君に対して初めて剣を抜いた。灯りが消え、爆弾が落ちてきても、この国のすべての男性、女性、子

ども は、闘争をやめなかった」

敵側を「暴君」と表現することで、自国側のほうが倫理的な存在だとアピールしています。演説の達人と言われたチャーチルらしい、レトリカルな言い回しです。

この話法を使うときは、あなたが伝えたいメッセージが、いかに世の中の道徳とつながっているのかを考えてみてください。

たとえば、あなたが新鮮な農作物を販売するビジネスを始めたとしましょう。この状況で「倫理に訴える」手法を使うと、次のようになります。

「新鮮な農産物を、その場で注文して購入できるサービスが完成すれば、地元産のオーガニックの果物や野菜を提供でき、多くの人を健康にできるだけでなく、持続可能性のあるビジネスの模範を示すことができます」

「多くの人を健康に」「持続可能性」などの表現を使い、あなたのビジネスが、社会にも役立つ点を強調しています。単に商品の新鮮さを打ち出すよりも、この言い回しを使うほうが、消費者へのアピール度は格段に高まります。

それも当然で、私たちはモラルに敏感な生き物であり、ほぼすべての人は「良い人間だと思われたい」と強く願う欲求を持ちます。SNSにおける56万件の投稿を調べたニューヨーク大学の研究によれば、メッセージのなかに倫理性をあらわす単語を1つ増やすごとに、その投稿がリポストされる確率が20%も上がったというから凄いものです(12)。人間とは、さほどに倫理性を気にする生き物なのでしょう。

ちなみに、倫理に訴える手法は、ビジネスの場面でなくとも適用できます。

状況：妻と夫が禁煙について話し合っている

妻：さすがに吸いすぎじゃない？

夫：でも、この一服でリラックスできるから、仕事がはかどるんだよなぁ。

妻：**それじゃあ、うちの子どもが「リラックスしたいからタバコを吸いたい」と言ったら許しちゃうの？**

夫：そんなわけない。身体に悪いからって止めさせるよ。

妻：子どものためにならないことを、自分では続けるのっておかしくない？

夫：………。

「喫煙は子どもの身体に良くない」という倫理的な問題を取り上げたことで、禁煙の重要性がさらに強調されました。メッセージの影響力を増したいときは、「自分の主張に道徳的なポイントを追加できないか?」と考えてみてください。

難易度レベル4：感情の言い換え

「感情の言い換え」は、あなたが語りかけている**相手や聴衆の感情を、あらためて言語化して伝え直す話法**です。

たとえば、あなたがリーダーとして率いたプロジェクトが失敗に終わり、部下が落ち込んでいたとしましょう。ここで「感情の言い換え」を使うときは、次のような言い回しが考えられます。

「この6か月間が大変だったことはわかっている。私も含めてみんなプレッシャーに潰され、やる気を失った。君たちの何人かは、当初の予定よりもはるかに高い基準を要求されたことも知っている。しかし、いまの状態は長く続かない。これから新しい計画について話すので、聞いてほしい」

この例では、まず部下が抱いたと思われる感情を、「プレッシャーにつぶされた」「やる気を失った」などのフレーズで言い表しました。もちろん、この言い回しが部下の感情を正確に表現できたかはわかりませんが、少なくとも上司が理解を示そうとしている気持ちだけは伝えられるはず。そのぶんだけ部下は安心感を覚え、あなたの話に耳を傾けるモチベーションが上がります。

この話法を、同僚や友人相手に使った例も見てみましょう。

状況：上司に大量の仕事を振られた同僚が愚痴を言ってきた

同僚：あの上司はバカだろ。自分が何をやっているのかわかってないし、仕事の優先順位もつけないで、何も考えずに作業を振ってくるんだから。

自分：イライラしてるね。なにがあったの？

同僚：締め切り間近の案件があるのに、関係のない資料を作れって言ってきたんだよ。

自分：それは確かに厳しいな。自分も同じような経験があるからわかるよ。

同僚：上司に話そうと思ったけど、言い方が難しいし、余計に怒らせたらどうしようって。

自分：上司も最近イライラしてるからね。何かサポートできることあるかな？

このように、同僚の発言に対して何も意見ははさまず、具体的なアドバイスも与えることなく、**ただ相手の感情をひたすら描写するのが「感情の言い換え」の基本です。**

この手法は別名「**共感的傾聴**」とも呼ばれ、昔からコーチングの世界で効果が示されてきました。たとえば、アイスランド大学が548名のビジネスパーソンに行った調査によれば、上司が共感的傾聴を使いこなした場合、部下たちは以下のメリットを得ることができます（13）。

- **部下の仕事に対するやる気が高まり、パフォーマンスが上がる**
- **部下の仕事に関するストレスが減り、抑うつや不安が減る**
- **部下だけでなく上司自身の疲労感も下がる**

こういった多様な効果を得られるのは、感情を言葉にしてやることで、相手のなかに

「私のことを理解してくれている」との気持ちが生まれるのが原因です。ほぼすべての人は、合理的な解決策を示されるよりも前に、感情に理解を示してもらいたいと思う欲求を持っています。第3章でも見たように、能力の前にまず「優しさ」を示さないことには、コミュニケーションはうまく進みません。

そのため、**人格性が低い人が「感情の言い換え」を使うと、逆効果になりやすい傾向**もあるので注意してください。人格性が低い人は、つい相手への共感を忘れてしまったり、感情を言葉にしつつも自分のアドバイスを押しつけたりしがちです。「性格が悪い」問題を抱えている方は、まずは人格性の改善に注力しましょう。

難易度レベル5：ストレッチ目標を掲げる

まだテレビがブラウン管しかなかった時代に、元シャープ社長の町田勝彦は「2005年までに日本で販売するテレビはすべて液晶にする」と言い放ちました。この目標は、当時は妄言と思われかねない壮大なものでしたが、結果として社員の士気は大いに高まり、「液晶のシャープ」と呼ばれる黄金時代の呼び水となりました。

この事例のように、**高いゴールを掲げて自分の情熱をアピールする**のが、「ストレッチ目標」の基本です。

ストレッチ目標を使うカリスマは多く、〝伝説の投資家〟として知られるジョン・ドーアは「星に手を伸ばせば、たとえそれが叶わずとも月には届く」と社員をはげまし、Google創業者のラリー・ペイジも「野心的な目標を設定すれば、たとえ達成できなくても何か素晴らしいことを成し遂げられる」との言葉を残しています。

いつでも達成できるようなゴールしか示しない人よりも、大きな目標を掲げる人のほうが自信満々に見え、カリスマ性が上がるのはわかりやすいでしょう。

ストレッチ目標を使う際は、誰もが無茶だと思うようなゴールではなく、**少し手を伸ばせば届きそうなゴールを設定**してください。

上司：今期の目標として、15社の顧客を獲得するという目標を掲げたい。
部下：15社ですか……ちょっとシビアですね。
上司：確かに高い目標だが、**営業部は毎年10社の顧客を獲得できているから、決して不可能な数字ではない。**何か必要なサポートがあれば遠慮なく言ってくれ。
部下：ありがとうございます。やってみます。

このとおり、**「現時点よりも少し努力すれば実現できるかも……」と部下が思うようなレベルの目標**を定めるのが最大のポイントです。

同時に、ストレッチ目標を使う際は、副作用にも注意しておきましょう。

ハーバード・ビジネススクールのリサ・オルドネスらの調査によれば、何も考えずにストレッチ目標を掲げるリーダーは、単に嘘つきだと思われるか、相手のモチベーションを下げるだけに終わりやすい傾向がありました（14）。ストレッチ目標でカリスマ性が上がるのは、すでに聞き手があなたを信頼しているときのみで、こちら側の魅力の土台が整った状態でないと効果は得られません。

そのため、ストレッチ目標を使う際は、**必ずロードマップも示す**ようにしてください。高い目標を掲げればカリスマ性は高まりますが、その背景に何らかの裏づけがなければ誰も感心してくれません。難しいゴールを示すと同時に、「ストレッチ目標を達成できる理由がある」という自信も伝える必要があります。

その際は、**「目標の具体的な内容」「ゴール達成までのタイムライン」「必要なスキルや知識」「聞き手に期待すること」**という4つの要素を組み込むようにしてください。

たとえば、次のような具合です。

「社長が決めた期限は大変なものだが、我々なら半年で販売にこぎつけるのも不可能ではない。追加で200万円の予算を投入、別部門のチームから設計者を2人引き込めば、3か月後にプロトタイプを製造できる。そこまで行けば、残りの期間で完成品を生み出せるはずだ」

先に取り上げたシャープの町田元社長も、液晶の開発を最重要プロジェクトだと位置づけたうえで、高度な技能を持つ社員を「匠」に認定する制度を作って社員のモチベーションを上げたり、国内にさらに5つの工場を建設したりと、テレビの開発部門に明確な作業の道筋を示しました。ただのビッグマウスにならないよう、必ずロードマップはセットで考えてください。

コミュニケーションにおける〝症状〟別ガイドライン

ここまで本書では、「嘘が多い」「感情が幼い」「性格が悪い」という3つの原因にもとづき、コミュ力を根本から改善する方法をお伝えしてきました。私たちがコミュニケーションに悩む原因は、個人の特性によって大きく異なるため、小手先の会話術では効果が出にくいからです。

ただし、その一方で、本書で取り上げたワークの大半は、よくあるコミュニケーションの問題にも使うことができます。

雑談でうまく言葉が出てこず、気まずい時間が流れる。

なぜか特定の相手とは会話が噛み合わない。

2人ならしゃべれるが大勢で話をするのは苦手。

このような日常のトラブルを解決する際にも、本書のワークは効果を発揮してくれます。もし日々の生活で会話に困ったら、以下のガイドラインも参考にしてください。

■雑談ができない／会話がうまく続かない

雑談のような目的がない会話が苦手な人は、「構造チャレンジ」（159ページ）を意識し、構造の順序どおりに質問を重ねてください。いったん話がとぎれたときは、また構造の最初に、戻って質問をやり直します。

それでも会話がうまく続かないときは、「メタトーク」（82ページ）の要領で、「本当はもっとスムーズに雑談をしたいんですが」「会話がとぎれると気まずいですね」といったように、会話のプロセスそのものを言葉にしましょう。そのうえで、相手に「雑談に苦手意識はありませんか?」のような質問を投げ、雑談そのものをテーマにして「構造チャレンジ」をやり直してみてください。

■会話の引き出しが少ない

知識や経験が不足していると、どうしても会話は展開させづらいものです。こちらから提示できる情報が少ないときは、「ディープトーク」（２４６ページ）の質問を思い出し、できるだけ相手の価値観を深掘りする方向に話を転がしましょう。ディープトークが続くと、話題の抽象度が増していくため、たとえあなたが具体的な知識を持たなかったとしても、会話を続けられるようになります。

■会話が噛み合わない

相手と会話が噛み合わない原因は、大きく2つ考えられます。原因ごとに最適なワークを見てみましょう。

❶知識や経験に差がある

話題に関する知識や経験に差があると、互いの言っている内容を理解できないことがあります。この場合は、「メタトーク」を使って、「話の内容が複雑で頭に入ってきません」「話が漫然としていてうまくついていけません」といったように、会話のプロセスを言葉にしましょう。また、「会話の引き出しが少ない」で見たように、「ディープトーク」で話の抽象度を高めるのも手です。

❷話を聞いていない

相手の話をうまく聞けておらず、話に誤解が生じるのもよくあるパターンです。これに対しては、「心理的ノイズ対策」（176ページ）や「333法」（235ページ）を会話の前に行うのが有効です。

■「何を言っているかわからない」と言われる

説明力のなさを指摘されることが多い人は、説明がうまくないか、相手への共感力が欠けているパターンが多く見られます。もしあなたが前者の場合は、「構造チャレンジ」か「フライタークのピラミッド」（267ページ）を使って、相手に示す情報の順序を整理しましょう。後者だったときは、「サイドスイッチ練習」（222ページ）を事前に行い、相手に共感する準備をしておいてください。

また、人によっては、単に相手の質問をよく聞いていないだけのケースもあるため、その際は「333法」を使うのが効果的です。

■「なぜわからないの？」とよく言われる

理解力のなさを指摘されることが多い人にも、やはり「サイドスイッチ練習」が有効です。相手の話がわかりづらいときは、自分にばかり意識が向かって、聞き手の内面を想像できていないことが多いからです。

それと同時に、この問題が起きやすい人には、わからなかったところを確認するのを恐れ、自分がわからなかった点を確認しないパターンもよく見られます。こちらに当てはまる人は、「相手の言葉が少しでも理解できなかったら、「メタトーク」の要領で「実は先ほどの単語がわからないのに知っているふりをしました」といったように、自分が相手の言葉を理解できなかったプロセスを言葉にしましょう。

■頭が白くなって言葉が出なくなる

会話中に頭のなかが白くなる原因のほとんどは、緊張や不安によるものです。そのため、「メタトーク」で頭のなかが白くなった瞬間を言語化するか、「弱みの情報開示」（99ページ）を使って、自分が緊張しやすい事実を相手に伝えておくと楽でしょう。同時に、事前に「333法」を使っておくと、緊張する状況でも頭の回転が止まりにくくなります。

■大勢だとしゃべれない

1対1は平気なのに大人数だと会話できなくなるのは、ほぼすべての人間に当てはまる現象です。281ページで見たように、ヒトの脳は3つ以上の要素を同時に扱うのが苦手なため、会話の参加者が4人を超えたあたりから、情報がうまく処理できなくなってしまうのです。

実に難しい問題ですが、最も使いやすいのは「構造チャレンジ」でしょう。「構造チャレンジ」は、そもそも脳の負荷を下げるために開発された手法なので、「大勢だとしゃべれない」問題にも効果を発揮してくれます。

具体的には、あなたが聞き手に回ったときは、構造に沿った質問で話を膨らませてください。逆に自分が話す側になったときも、構造の順番に従って伝えたい情報を提示すればOKです。

■いつも誰かに話の途中で割り込まれる

自分の話をさえぎられる場面が多い人は、不安を感じながら会話をしている可能性があります。不安な状態で会話をする人は、話の内容がわかりづらかったり、表情が乏しかったり、声が聞き取りにくかったりといった話し方になることが多く、周囲から見くびられやすいからです。

これについては心理的な問題が大きいので、「不安の再評価」（168ページ）や「影響力プライミング」（171ページ）などを事前に試し、マインドセットを整えておくのが有効です。

■オンライン上の会話が苦手

オンライン上の会話は、表情や顔色がわかりづらく、どうしても対面より会話の難易度が上がります。そのため、オンラインで会話をする際は、通常よりも情報の整理を意識したほうがコミュニケーションの効率は上がります。重要なメッセージには「フライタークのピラミッド」を使い、それ以外は「構造チャレンジ」を駆使して、情報の出し方を整理してみてください。

■相手が無口／相手が人見知り

こちらが何を言っても相手の反応が悪いときは、素直に理由を尋ねるのが得策です。「人格性の構文」（194ページ）を使い、「私の予想よりも反応が少ないのでとまどいを感じます。原因を知りたいので、口数が少ない理由を知りたいのですがいかがですか？」といった言い回しで、相手の心中を探ってください。

■相手がパワハラ気質

世の中には、パワーハラスメントの気質を持つ人物が一定の割合で存在し、運悪くそんな人物に出会ったら、会話をスムーズに進めるのは難しいでしょう。何も考えずに会話をすれば、相手の主張をただ飲まされるだけで終わったり、こちらの言葉を何も聞いてもらえなかったりといった事態に陥ります。

そんな相手とコミュニケーションを取らねばならないときは、事前に「境界線プラン」（109ページ）を設定しておくのが基本です。さらに、相手が無礼なことを言ってきた場合に備え、「人格性の構文」を使って、自分の主張をまとめておきましょう。

おわりに

かつて、人類のコミュニケーションは、いまよりもはるかに簡単でした。

考古学の調査によれば、20万年前の人類は、常に小さなコミュニティで暮らし、その規模が200人を超えるケースは稀だったと考えられています。となれば、原始の人類が日常でやり取りを行ったのは、すでに強い信頼関係で結ばれた親戚や友人だけだったはずです。そこに、会話の問題は生まれにくかったでしょう。

時代が進んでも状況は変わらず、江戸時代の日本や中世のヨーロッパでは、人生の9割を農村で過ごすのが普通でした。言葉を交わす相手はほぼ親戚に限定され、たまに祭りなどがあっても、そこに集うのは、やはりある程度の信頼がある者だけです。

ところが、状況は変わりました。

職業選択の自由が当たり前になった現代では、ライフステージが変わるごとに、私たちを取り囲む社会的ネットワークも大きく変化します。進学、就職、結婚などのイベントが起きるたびに新たな人間と知り合い、ゼロから信頼を築き直さねばならないような状況は、人類史においては未曾有の事態です。つまり、現代とは、会話が苦手な人間ほど生きづらい時代なのだと言えるでしょう。

もちろん、「はじめに」でも見たように、先進国でコミュニケーションの問題が悪化を続ける理由は他にも考えられます。しかし、前近代から社会の仕組みが、大きく変わった点が私たちの人間関係に大きな影響を与えているのは間違いありません。

この難問に立ち向かうために、本書は〝人としての魅力〟に焦点を当てました。コミュニケーションの複雑化が止まらない現代では、小手先の話術に頼っても、本質的な解決にはいたりません。「嘘が多い」「感情が幼い」「性格が悪い」という3つの要因をバランス良く改善していかない限り、コミュニケーションの根本治療はできないと考えるからです。

そこで最後に、本書の主張を要約しておきましょう。〝人としての魅力〟を高めるために、最も心がけるべきポイントを一言でまとめるなら次のようになります。

●魅力的な人物とは、満足した人生を送る人物のことである。

一般に、自分の人生への満足度が高い人は、自然と前向きな雰囲気を身にまとい、周りから魅力がある人物と認識されやすい傾向があります。この事実を検証したデータを、いくつかチェックしておきましょう。

●アメリカ国立老化研究所などのレビュー論文によれば、人生の満足度が高い人は「他人に優しい」「嘘が少ない」といったパーソナリティを持つ確率が高く、これが他者からの好感度の高さに繋がっていました（1）。

●アメリカの一般社会調査を分析した研究では、人生に満足している人ほど社会的ネットワークのサイズが大きく人間関係の質も良かったと結論。この相関について、研究チームは「好感度の高さが寄与している」と推測しました（2）。

●社会心理学者のエレイン・ハットフィールらは、ポジティブな感情には伝染性があるため、人生への満足度が高い人は、知らず知らずのうちに周囲にも同じような情動を与え、これが魅力度を高める効果を持つと指摘しています（3）。

これらは、すべて観察研究であり、必ずしも因果関係を証明するわけではありません。しかし、大半の専門家は、「人生の満足度」と「人としての魅力」の間には、正のスパイラルがあると考えています。

満足な人生を送る人ほど他人から好かれる。
他人から好かれる人ほど人生の満足度が上がる。

このくり返しにより、人生の満足度が高い人たちは、気づかぬうちに自分の魅力度を上げ続けているようなのです。

確かに、毎日の暮らしへの不満が多く、不機嫌な態度を貫き、いつも無気力そうな人物に、魅力を感じる人は少ないでしょう。逆に、常に満足そうな日々を送っている人に対しては、ほとんどの人が直感的な魅力を感じるはずです。

そして、ここまでお読みになった人であれば、「満足な生活」が、豪華な邸宅や高級レストランといった、物質的な豊かさを意味しないのはおわかりでしょう。素の自分を表現し続け、ネガティブな感情に飲み込まれず、みなに等しく優しさを失わない――。

そんなソフトスキルを身につけることで、あなたは人としての魅力を手に入れ、それによって人生の満足度が上がり、口から出る言葉にも自ずと説得力が備わるのです。

皆さまの、ご多幸をお祈りしています。

2024年 4月吉日　鈴木 祐

—— 参考文献 ——

はじめに

1.Miriam Lichtheim. Ancient Egyptian Literature.Univ of California Pr (2019/5/7)
2.Burstein M, Ameli-Grillon L, Merikangas KR. Shyness versus social phobia in US youth. Pediatrics. 2011 Nov;128(5):917-25. doi: 10.1542/peds.2011-1434. Epub 2011 Oct 17. PMID: 22007009; PMCID: PMC3208958.
3.G. Suetonius Tranquillus. The Lives of the Twelve Caesars. SMK Books(2012/1/6)
4.プルタルコス「プルタルコス英雄伝　上」 ちくま学芸文庫 (1996/8/1)
5.内閣府「子供・若者白書 平成29年版」日経印刷 (2017/7/1)
6.Zimbardo, Phil & Pilkonis, Paul & Norwood, R.. (1975). The silent prison of shyness. Psychology Today.
7.Younan M, Martire KA. Likeability and Expert Persuasion: Dislikeability Reduces the Perceived Persuasiveness of Expert Evidence. Front Psychol. 2021 Dec 23;12:785677. doi: 10.3389/fpsyg.2021.785677. PMID: 35002877; PMCID: PMC8734643.
8.Bogoevska-Gavrilova, Irena & Ciunova, Anita. (2022). SOURCE CREDIBILITY THEORY APPLIED TO INFLUENCER MARKETING. 24. 71-86. 10.55302/ED22243071bg.
9.Tskhay, K. O., Zhu, R., & Rule, N. O. (2017). Perceptions of charisma from thin slices of behavior predict leadership prototypicality judgments. The Leadership Quarterly, 28(4), 555–562. https://doi.org/10.1016/j.leaqua.2017.03.003
10.Erez A, Misangyi VF, Johnson DE, LePine MA, Halverson KC. Stirring the hearts of followers: charismatic leadership as the transferal of affect. J Appl Psychol. 2008 May;93(3):602-16. doi: 10.1037/0021-9010.93.3.602. PMID: 18457489.

序章　**嘘が多く、感情が幼く、性格が悪い**

1.Paxton JM, Ungar L, Greene JD. Reflection and reasoning in moral judgment. Cogn Sci. 2012 Jan-Feb;36(1):163-77. doi: 10.1111/j.1551-6709.2011.01210.x. Epub 2011 Nov 3. PMID: 22049931.
2.Folkman, J.Z. and J. (2013). I'm the Boss! Why Should I Care If You Like Me? [online] Harvard Business Review. Available at: https://hbr.org/2013/05/im-the-boss-why-should-i-care.
3.Gerald Mount, The role of emotional intelligence in developing international business capability: EI provides traction . In V. Druskat, F. Sala & G. Mount (Eds.),Linking Emotional Intelligence and Performance at Work (pp. 97-124). Mahwah, N.J.:LawrenceErlbaum Associates, 2006
4.
4.Abele, A., & Wojciszke, B. (Eds.). (2018). Agency and Communion in Social Psychology (1st ed.). Routledge. https://doi.org/10.4324/9780203703663
5.Martín‐Raugh, M. P., Kell, H. J., Randall, J. G., Anguiano‐Carrasco, C., & Banfi, J. T. (2023). Speaking without words: A meta‐analysis of over 70 years of research on the power of nonverbal cues in job interviews. Journal of Organizational Behavior, 44(1), 132–156. https://doi.org/10.1002/job.2670
6.Chartrand TL, Bargh JA. The chameleon effect: the perception-behavior link and social interaction. J Pers Soc Psychol. 1999 Jun;76(6):893-910. doi: 10.1037//0022-3514.76.6.893. PMID: 10402679.
7.Leander, Pontus & Chartrand, Tanya & Bargh, John. (2012). You Give Me the Chills: Embodied Reactions to Inappropriate Amounts of Behavioral Mimicry. Psychological science. 23. 772-9. 10.1177/0956797611434535.
8.Shellenbarger, S. (2016). Use Mirroring to Connect With Others. [online] WSJ. Available at: https://www.wsj.com/articles/use-mirroring-to-connect-with-others-1474394329.

9.F. S. Chen, J. A. Minson, M. Schone, M. Heinrichs. In the Eye of the Beholder: Eye Contact Increases Resistance to Persuasion. Psychological Science, 2013; DOI: 10.1177/0956797613491968

10.Chaiken, S. (1979). Communicator physical attractiveness and persuasion. Journal of Personality and Social Psychology, 37(8), 1387–1397. https://doi.org/10.1037/0022-3514.37.8.1387

11.Westfall R, Millar M, Walsh M. Effects of Instructor Attractiveness on Learning. J Gen Psychol. 2016 Jul-Sep;143(3):161-71. doi: 10.1080/00221309.2016.1200529. PMID: 27410051.

12.Eastwick, P. W., & Hunt, L. L. (2014). Relational mate value: Consensus and uniqueness in romantic evaluations. Journal of Personality and Social Psychology, 106(5), 728–751. https://doi.org/10.1037/a0035884

13.Hunt LL, Eastwick PW, Finkel EJ. Leveling the Playing Field: Longer Acquaintance Predicts Reduced Assortative Mating on Attractiveness. Psychol Sci. 2015 Jul;26(7):1046-53. doi: 10.1177/0956797615579273. Epub 2015 Jun 11. PMID: 26068893.

14.Zhang, Y., Kong, F., Zhong, Y. and Kou, H. (2014). Personality manipulations: Do they modulate facial attractiveness ratings? Personality and Individual Differences, 70, pp.80–84. doi:https://doi.org/10.1016/j.paid.2014.06.033.

15.Konrath, S. and Handy, F. (2020). The Good-looking Giver Effect: The Relationship Between Doing Good and Looking Good. Nonprofit and Voluntary Sector Quarterly, 50(2), pp.283–311. doi:https://doi.org/10.1177/0899764020950835.

16.Swami V, Furnham A, Chamorro-Premuzic T, Akbar K, Gordon N, Harris T, Finch J, Tovée MJ. More than just skin deep? Personality information influences men's ratings of the attractiveness of women's body sizes. J Soc Psychol. 2010 Nov-Dec;150(6):628-47. doi: 10.1080/00224540903365497. PMID: 21166328.

17.Rosado-Solomon, E. (2019). The Big Effects of Small Talk at Work. Academy of Management Proceedings, 2019(1), p.18746. doi:https://doi.org/10.5465/ambpp.2019.18746abstract.

18.武居香里 and 宮崎圭子 (2022). テレワークにおける雑談によるパフォーマンスへの効果. 跡見学園女子大学附属心理教育相談所紀要, [online] (18), pp.155–167. Available at: https://atomi.repo.nii.ac.jp/records/4086 [Accessed 17 Feb. 2024].

19.Marlowe, F. W. (2004). The Hadza: Hunter-gatherers of Tanzania. Harvard University Press.
Briggs, J. L. (1970). Never in anger: Portrait of an Eskimo family. Harvard University Press. Berndt, R. M., & Berndt, C. H. (1964). The desert people: An Aboriginal life of Australia. University of Chicago Press.

20.Willis, J., & Todorov, A. (2006). First Impressions: Making Up Your Mind After a 100-Ms Exposure to a Face. Psychological Science, 17(7), 592-598. https://doi.org/10.1111/j.1467-9280.2006.01750.x

21.Jaksic C, Schlegel K. Accuracy in Judging Others' Personalities: The Role of Emotion Recognition, Emotion Understanding, and Trait Emotional Intelligence. J Intell. 2020 Sep 18;8(3):34. doi: 10.3390/jintelligence8030034. PMID: 32961916; PMCID: PMC7555973.

22.Murphy NA. Appearing smart: the impression management of intelligence, person perception accuracy, and behavior in social interaction. Pers Soc Psychol Bull. 2007 Mar;33(3):325-39. doi: 10.1177/0146167206294871. PMID: 17312315.

23.Regenbogen, C., Axelsson, J., Lasselin, J., Porada, D.K., Sundelin, T., Peter, M.G., Lekander, M., Lundström, J.N. and Olsson, M.J. (2017). Behavioral and neural correlates to multisensory detection of sick humans. Proceedings of the National Academy of Sciences, 114(24), pp.6400–6405. doi:https://doi.org/10.1073/pnas.1617357114.

24.Ambady, N. and Skowronski, J.J. (2008). First Impressions. 1st edition ed. [online] Amazon. New York (N.Y.): Guilford Press. Available at: https://www.amazon.co.jp/First-Impressions-Nalini-Ambady/dp/1593857160 [Accessed 17 Feb. 2024].

25.Feldman, Robert & Forrest, James & Happ, Benjamin. (2002). Self-Presentation and Verbal Deception: Do Self-Presenters Lie More?. Basic and Applied Social Psychology - BASIC APPL SOC PSYCHOL. 24. 163-170. 10.1207/S15324834BASP2402_8.
26.Cuddy, Amy & Glick, Peter & Beninger, Anna. (2011). The dynamics of warmth and competence judgments, and their outcomes in organizations. Research in Organizational Behavior. 31. 73–98. 10.1016/j.riob.2011.10.004.
※本研究は「温かさ」と「有能さ」を調べたものだが、これら2つの要素には「真正性」の観点もふくまれるため、本書では3つの要素として解説を行った。

第1章　嘘が多い

1.Gino, Francesca & Sezer, Ovul & Huang, Laura. (2020). To be or not to be your authentic self? Catering to others' preferences hinders performance. Organizational Behavior and Human Decision Processes. 158. 10.1016/j.obhdp.2020.01.003.
2.Charbonneau, B.D., Reed, M. and Powell, D.M. (2021). Self‐verification behavior as an employment interview tactic. International Journal of Selection and Assessment, 29(3-4), pp.393–411. doi:https://doi.org/10.1111/ijsa.12349.
3.Max, T., Miller, G. and Parker, N. (2015). Mate : become the man women want. New York: Little, Brown and Company.
4.Hochschild, A.R. and Kemper, T.D. (1981). Power, Status, and Emotion. Contemporary Sociology, 10(1), p.73. doi:https://doi.org/10.2307/2067806.
5.Pennebaker, J.W. (1997). Opening up : the healing power of expressing emotions. New York: Guildford Press.
6.Oppenheimer, D.M. (2008). The secret life of fluency. Trends in Cognitive Sciences, 12(6), pp.237–241. doi:https://doi.org/10.1016/j.tics.2008.02.014.
7.Baldwin, Matthew & Gino, Francesca & Hofmann, Wilhelm. (2021). Authenticity on the Fringe: A Bottom-Up Approach to the Study of the True Self. 10.31234/osf.io/8mh7x.
8.Butler, E. A., Egloff, B., Wlhelm, F. H., Smith, N. C., Erickson, E. A., & Gross, J. J. (2003). The social consequences of expressive suppression. Emotion, 3(1), 48–67. https://doi.org/10.1037/1528-3542.3.1.48
9.Sarah Epstein LMFT. Between the Generations　FAMILY DYNAMICS. How Parents and Adult Children Can Stop Fighting. Families can use meta-conversations to break the cycles they get stuck in. Posted June 8, 2023 | Reviewed by Michelle Quirk
10.Bruk, A., Scholl, S. G., & Bless, H. (2018). Beautiful mess effect: Self–other differences in evaluation of showing vulnerability. Journal of Personality and Social Psychology, 115(2), 192–205. https://doi.org/10.1037/pspa0000120
11.Laurenceau, Jean-Philippe & Barrett, Lisa & Pietromonaco, Paula. (1998). Intimacy as an Interpersonal Process: the Importance of Self-Disclosure, Partner Disclosure, and Perceived Partner Responsiveness in Interpersonal Exchanges. Journal of personality and social psychology. 74. 1238-51. 10.1037//0022-3514.74.5.1238.
12.Collins NL, Miller LC. Self-disclosure and liking: a meta-analytic review. Psychol Bull. 1994 Nov;116(3):457-75. doi: 10.1037/0033-2909.116.3.457. PMID: 7809308.
13.Pennebaker, J.W. (1997). Writing About Emotional Experiences as a Therapeutic Process. Psychological Science, 8(3), pp.162–166. doi:https://doi.org/10.1111/j.1467-9280.1997.tb00403.x.
14.Hollander, J. A. (2004). The social contexts of focus groups. Journal of Contemporary Ethnography,

33(5), 602–637. https://doi.org/10.1177/0891241604266988
15.Arrindell, Sanderman, Hageman, Pickersgill, Kwee, Van der Molen, & Lingsma, 1990; Arrindell, Sanderman, Van der Molen, Van der Ende, & Mersch, 1988; St Lawrence, 1987
16.Schwartz, R. M., & Gottman, J. M. (1976). Toward a task analysis of assertive behavior. Journal of Consulting and Clinical Psychology, 44(6), 910–920. https://doi.org/10.1037/0022-006X.44.6.910
17.Rosenberg, M. B. (2005). Being Me, Loving You. PuddleDancer Press.

第2章　感情が幼い

1.Dorfman, Anna & Oakes, Harrison & Grossmann, Igor. (2019). Rejection sensitivity hurts your open mind: Effects of rejection sensitivity and power position for wise reasoning in workplace conflicts. 10.31234/osf.io/ack8n.
2.Stravynski, Ariel & Kyparissis, Angela & Amado, Danielle. (2010). Social Phobia as a Deficit in Social Skills. Social Anxiety. 147-181. 10.1016/B978-0-12-375096-9.00006-7.
3.Mayo-Wilson, E., Dias, S., Mavranezouli, I., Kew, K., Clark, D.M., Ades, A.E. and Pilling, S. (2014). Psychological and pharmacological interventions for social anxiety disorder in adults: a systematic review and network meta-analysis. The Lancet Psychiatry, [online] 1(5), pp.368–376. doi:https://doi.org/10.1016/s2215-0366(14)70329-3.
4.Abramowitz, J. S., Deacon, B. J., & Whiteside, S. P. H. (2011). Exposure therapy for anxiety: Principles and practice. Guilford Press.
5.Hofmann, S. G., & Otto, M. W. (2008). Cognitive-behavior therapy for social anxiety disorder: Evidence-based and disorder-specific treatment techniques. Routledge/Taylor & Francis Group.
6.Abrahams, M. (2023). Think Faster, Talk Smarter. Simon and Schuster.
7.Rolfe, G., Freshwater, D., & Jasper, M. 2001. Critical reflection for nursing and the helping professions: A user's guide, Palgrave Basingstoke.
8.Abrahams, M. (2023). How to Make a Compelling Pitch. [online] Harvard Business Review. Available at: https://hbr.org/2023/08/how-to-make-a-compelling-pitch.
9.Lammers, J., Dubois, D., Rucker, D. D., & Galinsky, A. D. (2013). Power gets the job: Priming power improves interview outcomes. Journal of Experimental Social Psychology, 49(4), 776–779. https://doi.org/10.1016/j.jesp.2013.02.008
10.Guinote, A. (2008). Power and affordances: When the situation has more power over powerful than powerless individuals. Journal of Personality and Social Psychology, 95(2), 237–252. https://doi.org/10.1037/a0012518

第3章　性格が悪い

1.van 't Wout M, Sanfey AG. Friend or foe: the effect of implicit trustworthiness judgments in social decision-making. Cognition. 2008 Sep;108(3):796-803. doi: 10.1016/j.cognition.2008.07.002. Epub 2008 Aug 21. PMID: 18721917.
2.Zenger, J. (n.d.). Should Leaders Aspire To Warmth Or Competence? [online] Forbes. Available at: https://www.forbes.com/sites/jackzenger/2018/10/04/should-leaders-aspire-to-warmth-or-competence/?sh=413f6dc97ede [Accessed 17 Feb. 2024].
3.Dwiwardani, C., Ord, A.S., Fennell, M., Eaves, D., Ripley, J.S., Perkins, A., Sells, J., Worthington, E.L., Davis, D.E., Hook, J.N., Garthe, R.C., Reid, C.A. and Van Tongeren, D.R. (2017). Spelling HUMBLE with U and ME: The role of perceived humility in intimate partner relationships. The Journal of Positive Psychology, 13(5), pp.449–459. doi:https://doi.org/10.1080/17439760.2017.1291849.

4.Chamorro-Premuzic, T. (2013). Why Do So Many Incompetent Men Become Leaders? [online] Harvard Business Review. Available at: https://hbr.org/2013/08/why-do-so-many-incompetent-men.
5.Leckelt, Marius & Küfner, Albrecht & Nestler, Steffen & Back, Mitja. (2015). Behavioral Processes Underlying the Decline of Narcissists' Popularity Over Time. Journal of personality and social psychology. 109. 856-871. 10.1037/pspp0000057.
6.Ye, B.H., Tung, V.W.S., Li, J.J. and Zhu, H. (2020). Leader humility, team humility and employee creative performance: The moderating roles of task dependence and competitive climate. Tourism Management, 81, p.104170. doi:https://doi.org/10.1016/j.tourman.2020.104170.
7.Vries, M.F.R.K. de (2021). Our Addiction to Charismatic Leaders Needs to Stop. [online] INSEAD Knowledge. Available at: https://knowledge.insead.edu/leadership-organisations/our-addiction-charismatic-leaders-needs-stop [Accessed 17 Feb. 2024].
8.Juncadella, Carme Mampel. (2013). What is the impact of the application of the Nonviolent communication model on the development of empathy? Overview of research and outcomes [Unpublished MSc thesis, Psychotherapy Studies]. University of Sheffield.
9.Connor, J. and Wentworth Bethesda, R. (n.d.). Training in Collaborative Communication in an Organizational Context: Assessment of Impact. [online] Available at: https://nvc-global.net/wp-content/uploads/2019/02/ImpactOfTrainingInBusiness-PSR.pdf [Accessed 17 Feb. 2024].
10.Rogers SL, Howieson J, Neame C. I understand you feel that way, but I feel this way: the benefits of I-language and communicating perspective during conflict. PeerJ. 2018 May 18;6:e4831. doi: 10.7717/peerj.4831. PMID: 29796350; PMCID: PMC5961625.
11.Biesen, J.N., Schooler, D.E. and Smith, D.A. (2015). What a Difference a Pronoun Makes. Journal of Language and Social Psychology, 35(2), pp.180–205. doi:https://doi.org/10.1177/0261927x15583114.
12.Christopher J. Carpenter cj-carpenter2@wiu.edu (2013) A Meta-Analysis of the Effectiveness of the “But You Are Free” Compliance-Gaining Technique, Communication Studies, 64:1, 6-17, DOI: 10.1080/10510974.2012.727941
13.Detert, J.R. (2021). Choosing Courage The Everyday Guide to Being Brave at Work. La Vergne: Harvard Business Review Press.
14.Fox, K. (2001). Evolution, alienation and gossip: The role of mobile telecommunications in the 21st century. Social Issues Research Centre. Retrieved from http://www.sirc.org/publik/gossip.shtml

第4章　上級編「カリスマを創る」

1.Grabo, A , & van Vugt, M (2016) Charismatic leadership and the evolution of cooperation Evolution and Human Behavior, 37(5), 399–406 https://doi org/10 1016/j evolhumbehav 2016 03 005
2.House, Robert J., and Jane M. Howell. “Personality and Charismatic Leadership.” The Leadership Quarterly, vol. 3, no. 2, June 1992, pp. 81–108, https://doi.org/10.1016/1048-9843(92)90028-e.
3.Antonakis, J., Fenley, M. and Liechti, S. (2011). Can Charisma Be Taught? Tests of Two Interventions. Academy of Management Learning & Education, 10(3), pp.374–396. doi:https://doi.org/10.5465/amle.2010.0012.
4.Ernst, B.A., Banks, G.C., Loignon, A.C., Frear, K.A., Williams, C.E., Arciniega, L.M., Gupta, R.K., Kodydek, G. and Subramanian, D. (2021). Virtual Charismatic Leadership and Signaling theory: a Prospective meta-analysis in Five Countries. The Leadership Quarterly, 33(5), p.101541. doi:https://doi.org/10.1016/j.leaqua.2021.101541.
5.Antonakis, J. and Day, D.V. (2018). The nature of leadership. 3rd ed. Los Angeles: Sage.
6.Kardas, M, Kumar, A, & Epley, N (2022) Overly shallow?: Miscalibrated expectations create a

barrier to deeper conversation Journal of Personality and Social Psychology, 122(3), 367–398. https://doi.org/10.1037/pspa0000281

7.Mehl MR, Vazire S, Holleran SE, Clark CS. Eavesdropping on happiness: well-being is related to having less small talk and more substantive conversations. Psychol Sci. 2010 Apr;21(4):539-41. doi: 10.1177/0956797610362675. Epub 2010 Feb 18. PMID: 20424097; PMCID: PMC2861779.

8.Clegg, H., Nettle, D. and Miell, D. (2011). Status and Mating Success Amongst Visual Artists. Frontiers in Psychology, [online] 2. doi:https://doi.org/10.3389/fpsyg.2011.00310.

9.Smith, D., Schlaepfer, P., Major, K. et al. Cooperation and the evolution of hunter-gatherer storytelling. Nat Commun 8, 1853 (2017). https://doi.org/10.1038/s41467-017-02036-8

10.Quesenberry, Keith & Coolsen, Michael. (2014). What Makes a Super Bowl Ad Super? Five-Act Dramatic Form Affects Consumer Super Bowl Advertising Ratings. The Journal of Marketing Theory and Practice. 22. 437-454. 10.2753/MTP1069-6679220406.

11.Cowan N. The magical number 4 in short-term memory: a reconsideration of mental storage capacity. Behav Brain Sci. 2001 Feb;24(1):87-114; discussion 114-85. doi: 10.1017/s0140525x01003922. PMID: 11515286.

12.Brady, W.J., Wills, J.A., Jost, J.T., Tucker, J.A. and Van Bavel, J.J. (2017). Emotion shapes the diffusion of moralized content in social networks. Proceedings of the National Academy of Sciences, 114(28), pp.7313–7318. doi:https://doi.org/10.1073/pnas.1618923114.

13.Jonsdottir IJ, Kristinsson K. Supervisors' Active-Empathetic Listening as an Important Antecedent of Work Engagement. Int J Environ Res Public Health. 2020 Oct 30;17(21):7976. doi: 10.3390/ijerph17217976. PMID: 33142984; PMCID: PMC7662981.

14.Ordóñez, D., Schweitzer, M., Galinsky, A., Bazerman, M. and Ordóñez, L. (2009). Goals Gone Wild: The Systematic Side Effects of Over-Prescribing Goal Setting. [online] Available at: https://www.hbs.edu/ris/Publication%20Files/09-083.pdf.

鈴木　祐

1976年生まれ、慶応義塾大学SFC卒。16才のころから年に5000本の科学論文を読み続けている、人呼んで「日本一の文献オタク」。大学卒業後、出版社勤務を経て独立。雑誌などに執筆するかたわら、海外の学者や専門医などを中心に約600人にインタビューを重ね、現在は月1冊のペースでブックライティングを手がける。現在まで手がけた書籍は100冊超。自身のブログ「パレオな男（http://yuchrszk.blogspot.jp/）」で健康、心理、科学に関する最新の知見を紹介し続け、現在は月間250万PV。近年はヘルスケア企業などを中心に、科学的なエビデンスの見分け方などを伝える講演なども行っている。近著に『才能の地図』（きずな出版）『運の方程式』（アスコム）』などがある。『最高の体調』（クロスメディアパブリッシング）は15万部を記録。

最強のコミュ力のつくりかた

発行日　2024年4月19日　初版第1刷発行
　　　　2024年5月30日　　　第2刷発行

DTPデザイン　中村理恵
校閲　聚珍社
編集　安羅英玉（扶桑社）

著者　鈴木　祐
発行者　小池英彦
発行　株式会社扶桑社
〒105-8070
東京都港区海岸1-2-20　汐留ビルディング
電話　03-5843-8194（編集）
03-5843-8143（メールセンター）
www.fusosha.co.jp

印刷・製本　タイヘイ株式会社印刷事業部

ISBN978-4-594-09427-0